भारतीय विज्ञान की कहानी

भारतीय ज्ञान-विज्ञान पुस्तकमाला-1

भारतीय विज्ञान की कहानी

गुणाकर मुले

ईशान प्रकाशन
नई दिल्ली

मूल्य : ₹495

पहला संस्करण : 1973
तीसरा संशोधित एवं परिवर्द्धित संस्करण : 1989
सातवाँ संस्करण : 2026

प्रकाशक : ईशान प्रकाशन
7/23, अंसारी रोड, दरियागंज
नई दिल्ली-110 092

मुद्रक : बी.के. ऑफसेट
नवीन शाहदरा, दिल्ली-110 032

BHARTIYA VIGYAN KI KAHANI
by Gunakar Muley

ISBN : 978-81-89444-06-8

अपनी बात

यूरोप के विज्ञान तथा वैज्ञानिकों के बारे में बहुत सारी पुस्तकें लिखी गई हैं, इसलिए स्कूल-कॉलेजों के विज्ञान के अध्यापक और विद्यार्थी इनके बारे में थोड़ी-बहुत जानकारी अवश्य रखते हैं। स्कूल की पाठ्य-पुस्तकों में न्यूटन, कोपर्निकस, गैलीलियो आदि यूरोप के महान वैज्ञानिकों के बारे में पाठ भी दिए रहते हैं।

परंतु मैंने स्कूलों की पाठ्य-पुस्तकों में अपने देश के **आर्यभट** और **भास्कराचार्य**-जैसे महान वैज्ञानिकों के बारे में पाठ नहीं देखे। यह बड़े ताज्जुब की बात है। यूरोप के विद्वानों ने भी प्राचीन भारत के विज्ञान की श्रेष्ठता स्वीकार की है। आधुनिक गणित की अनेक विधियों की खोज भारत में हुई है। वर्तमान दाशमिक अंक-पद्धति भारत की खोज हैं। विज्ञान के अन्य उपांगों में भी प्राचीन भारत काफी आगे था। लेकिन हमारे विद्यार्थी इस सारी जानकारी से बेखबर हैं!

इसके कई कारण हैं। प्राचीन भारत के विज्ञान के ग्रंथ संस्कृत भाषा में हैं। ऐतिहासिक दृष्टि से इन ग्रंथों की खोजबीन अभी अधूरी है। अक्सर ऐसा होता है कि जो पंडित पुराने ग्रंथों का अध्ययन करते हैं, वे आधुनिक विज्ञान के जानकार नहीं होते और जो आधुनिक विज्ञान के जानकार होते हैं, वे प्राचीन विज्ञान के अध्ययन को जरूरी नहीं समझते। इसलिए प्राचीन भारत के विज्ञान पर बहुत कम ग्रंथ लिखे गए हैं। स्कूल के अध्यापक एवं विद्यार्थी तथा सामान्य पाठकों को दृष्टि में रखकर प्राचीन भारत के विज्ञान के बारे में लिखी गई एक भी पुस्तक मेरे देखने में नहीं आई है।

लेकिन भारतीय विज्ञान के विकास के अध्ययन की अब उपेक्षा नहीं की जा सकती। यूरोप के कई विश्वविद्यालयों में 'विज्ञान का इतिहास' विषय पढ़ाया जाता है। हमारे देश में शायद ही किसी विश्वविद्यालय में यह विषय पढ़ाया जाता हो। भारतीय विज्ञान के विविध अंगों—गणित, ज्योतिष, रसायन आदि—पर भारतीय और विदेशी पंडितों ने कुछ ग्रंथ लिखे हैं। अधिकांश ग्रंथ अंग्रेजी तथा यूरोप की अन्य भाषाओं में हैं। भारत सरकार के प्रयास से इधर विद्वानों की एक मंडली ने भारतीय विज्ञान के इतिहास के बारे में जो ग्रंथ तैयार किया है, वह भी अंग्रेजी में है! हिंदी में बहुत कम ग्रंथ लिखे गए हैं।

पिछले कई साल से मैं भारतीय विज्ञान के एक बृहद इतिहास के लिए सामग्री जुटा रहा हूँ। इस ग्रंथ को लिखने के लिए अभी कुछ समय लगेगा। इसलिए मैंने

यही उचित समझा कि अध्यापक, विद्यार्थी तथा सामान्य पाठकों के लिए 'भारतीय विज्ञान की कहानी' लिख डालूँ। पुस्तक आपके सामने है।

हमारे देश के कई लोग प्राचीन भारत की वैज्ञानिक उपलब्धियों को खूब बढ़ा-चढ़ाकर आँकते हैं। कुछ लोग वेदों में एटम-बम बनाने की विधियाँ और उच्च गणित के फार्मूले भी खोजते हैं! अब धरती का मानव चंद्रमा पर पहुँचा है, तो कुछ लोग कहने लगे हैं कि हमारे प्राचीन ग्रंथों में भी चंद्रलोक, सूर्यलोक आदि के बारे में जानकारी मिलती है! जाहिर है कि ये सब पुरानपंथी विचार हैं।

प्रस्तुत पुस्तक की सीमा में भारतीय विज्ञान के विकास की सर्वांगीण जानकारी देना संभव नहीं था। फिर भी मैंने इसमें प्रमुख बातों की जानकारी देने की कोशिश की है। भारतीय विज्ञान के विकास की राजनीतिक, आर्थिक एवं सामाजिक पृष्ठभूमि का भी जहाँ-तहाँ मैंने दिग्दर्शन करा दिया है। संकुचित राष्ट्रवाद और अंधविश्वासों से मैं मुक्त हूँ। भारतीय विज्ञान के प्रति मेरा दृष्टिकोण क्या है, पुस्तक के प्रथम प्रकरण को पढ़ने से इसकी जानकारी मिल जाएगी।

मेरी जानकारी के अनुसार, इस विषय की और इस तरह लिखी गई यह पहली पुस्तक है। इसलिए इसमें कुछ त्रुटियाँ भी हो सकती हैं। फिर भी, मैं समझता हूँ कि हमारे अध्यापक और विद्यार्थी इस पुस्तक में दी गई जानकारी से लाभान्वित होंगे। भारतीय इतिहास एवं संस्कृति के विद्यार्थी भी इस पुस्तक को उपयोगी पाएँगे।

47/11, पूर्वी पटेल नगर,
नई दिल्ली-110008

—गुणाकर मुले

दूसरी बार

पुस्तक की माँग थी, मगर पिछले दो-तीन साल से अप्राप्य थी। आज भी भारतीय विज्ञान का प्राथमिक परिचय करानेवाली हिंदी में यही एक पुस्तक है। इस संस्करण में मैंने जहाँ-तहाँ थोड़ा संशोधन कर दिया है।

मुझे हिंदी में 'भारतीय विज्ञान का बृहद् इतिहास' लिखना है। यह पुस्तक उस बड़े प्रयास की एक संक्षिप्त रूपरेखा प्रस्तुत कर देती है।

'अमरावती'
सी-210, पांडव नगर
दिल्ली—92
23 जनवरी, 1989

—गुणाकर मुले

अनुक्रम

हमने दिया : हमने लिया

आज विज्ञान तेजी से उन्नति कर रहा है । अब यह अनेक विषयों में बँट गया है । लेकिन इन विषयों में गणित को सबसे ऊँचा स्थान प्राप्त है । गणित की एक खास भाषा होती है, खास चिह्न होते हैं । आधुनिक गणित में अब बहुत सारे चिह्नों का इस्तेमाल होता है । लेकिन इनमें दस चिह्न सबसे अधिक महत्त्व के हैं । ये दस चिह्न या संकेत हैं :

1, 2, 3, 4, 5, 6, 7, 8, 9, 0.

सारी गणनाएँ इन दस संकेतों से होती हैं । इन दस संकेतों से बड़ी-से-बड़ी संख्या लिखी जा सकती है । इसलिए कि इनमें से प्रत्येक संकेत का दोहरा मूल्य है । एक, प्रत्येक संकेत का अपना एक स्वतंत्र मूल्य है । दूसरे, प्रत्येक संकेत का संख्या में उसके स्थान के अनुसार मूल्य बदलता है । जैसे, संख्या 1241 में अंत के 1 का मूल्य सिर्फ 'एक' है, परंतु आरंभ के 1 का मूल्य 'एक हजार' है ।

इन दस संकेतों में शून्य का संकेत विशेष महत्त्व का है । शून्य का अर्थ होता है 'कुछ नहीं' । बाजार में जाकर 'शून्य चीज' कोई नहीं खरीद सकता । लेकिन गणना में इस शून्य के बिना हमारा काम नहीं चल सकता । शून्य की धारणा और इसके संकेत के कारण ही यह अंक-पद्धति श्रेष्ठ है । इसमें दस संकेतों का इस्तेमाल होता है और प्रत्येक संकेत का संख्या में उसके स्थान के अनुसार मूल्य बदलता है, इसलिए इसे हम **दाशमिक स्थानमान अंक-पद्धति** कहते हैं । आज सारे संसार में इसी अंक-पद्धति का इस्तेमाल होता है ।

यह अंक-पद्धति भारत की खोज है । यह संसार को भारत की सबसे बड़ी देन है । भारत में लगभग दो हजार साल पहले शून्य की धारणा पर आधारित इस स्थानमान अंक-पद्धति की खोज हुई थी । पहले अरब देशों में और बाद में यूरोप के देशों में इस भारतीय अंक-पद्धति का प्रचार एवं प्रसार कैसे हुआ, इसकी जानकारी हम आगे देंगे ।

आज संसार के अधिकांश देशों में जिन अंक-संकेतों का इस्तेमाल होता

है, वे ये हैं : 1, 2, 3, 4, 5, 6, 7, 8, 9, 0। आज भी बहुत-से लोग इन्हें 'अंग्रेजी अंक' कहते हैं। रोमन लिपि के साथ इनका इस्तेमाल होता है, इसलिए कुछ लोग इन्हें 'रोमन अंक' भी कहते हैं। और यूरोप-अमरीका के अनेक विद्वान आज भी इन्हें 'अरबी अंक' कहते हैं।

लेकिन ये भारतीय अंक हैं। इन अंक-संकेतों का जन्म भारत में हुआ। इन अंक-संकेतों का विकास दो हजार साल पहले के ब्राह्मी अंक-संकेतों से हुआ है। ये अंक-संकेत पहले पश्चिमी एशिया के देशों में पहुँचे और तदनंतर यूरोप के देशों में फैले।

इस प्रकार, आज सारे संसार में जिस अंक-पद्धति का इस्तेमाल होता है वह भारतीय अंक-पद्धति है और अंक-संकेत भी भारतीय हैं। इसीलिए इन्हें अब हम **भारतीय अंतर्राष्ट्रीय अंक** कहते हैं।

विज्ञान के क्षेत्र में प्राचीन भारत ने संसार को और भी बहुत कुछ दिया है। ईसा की छठी-सातवीं सदी में हमारे देश में **आर्यभट** और **ब्रह्मगुप्त**-जैसे महान गणित-ज्योतिषी हुए। प्राचीन भारत के इन वैज्ञानिकों के ग्रंथों का अरबी भाषा में अनुवाद हुआ था। बाद में यह भारतीय ज्ञान यूरोप में पहुँचा। यूरोप के विद्वान भी स्वीकार करते हैं कि यूरोप में विकसित आधुनिक गणित काफ़ी हद तक भारतीय गणित पर आधारित है।

भारतीय गणित की विधिंयाँ यूरोप में कैसे पहुँचीं, यह जानने के लिए एक रोचक उदाहरण लीजिए। आधुनिक त्रिकोणमिति में इस्तेमाल होनेवाला अंग्रेजी का एक शब्द है 'साइन'। इस 'साइन' के लिए भारतीय गणित का पुराना शब्द है 'ज्या'। 'ज्या' की रचना में 'जीवा' की ज़रूरत पड़ती है। वृत्त की परिधि के दो बिंदुओं को जोड़नेवाली सीधी रेखा को जीवा कहते हैं। **आर्यभट** (499 ई.) ने अपने ग्रंथ में इस 'जीवा' शब्द का उपयोग किया है।

यकीन करना कठिन है, पर अंग्रेजी का 'साइन' शब्द हमारे 'जीवा' शब्द से ही बना है। ईसा की सातवीं-आठवीं सदी में भारतीय ग्रंथों के अरबी भाषा में अनुवाद होने लगे थे। **आर्यभट** और **ब्रह्मगुप्त** के ग्रंथ भी अरब देशों में पहुँचे। अरबी अनुवादकों के सामने जब यह 'जीवा' शब्द आया तो उन्होंने इसे ज्यों-का-त्यों ले लिया। अरबी लिपि में स्वरों के लिए अक्षर नहीं होते, इसलिए उन्होंने इस 'जीवा' शब्द को अरबी में 'ज-ब' के रूप में लिखा।

अरब विजेताओं ने यूरोप के स्पेन देश पर अधिकार करके नौवीं-दसवीं सदी में वहाँ कई विद्याकेंद्रों की स्थापना की थी। अरबी विद्वानों ने न केवल संस्कृत ग्रंथों का, बल्कि बहुत सारे यूनानी ग्रंथों का भी अरबी में अनुवाद

किया था। इस प्रकार प्राचीन यूनानी ज्ञान को उन्होंने सदियों तक सुरक्षित रखा। अब इसी ज्ञान की खोज में यूरोप के विद्वान अरबों द्वारा स्थापित स्पेन के उन विद्याकेंद्रों में पहुँचने लगे। अरबी भाषा से लैटिन भाषा में अनुवाद होने लगे। तेरहवीं सदी से यूरोप में ज्ञान के जागरण का नया युग शुरू हुआ।

यूरोप के जो विद्वान गणित व ज्योतिष की अरबी पुस्तकों का लैटिन में अनुवाद कर रहे थे, उनके सामने यह 'ज-ब' शब्द आया। इस शब्द को देखकर वे भौचक्के रह गए। उन्हें जानकारी नहीं थी कि यह शब्द मूलतः संस्कृत भाषा का है। 'ज' और 'ब' के साथ स्वर जोड़कर वे इस शब्द को कई तरह से पढ़ सकते थे तथा इसके कई अर्थ निकाल सकते थे। अंत में उन्होंने 'ज-ब' को 'जेब' के रूप में लेना पसंद किया। अरबी में 'जेब' का एक अर्थ होता है खीसा या पॉकिट। उस जमाने में अरब लोग अपने कुरते का खीसा छाती के पास बनाते थे, इसलिए अरबी के 'जेब' शब्द का मूल अर्थ है 'छाती'।

यूरोप के अनुवादकों ने संस्कृत के 'जीवा' शब्द से बने हुए 'ज-ब' को 'जेब' यानी 'छाती' के अर्थ में लिया। लैटिन भाषा में 'छाती' के लिए 'सिनुस्' शब्द है। इसलिए उन्होंने 'ज-ब' का अनुवाद 'सिनुस्' किया। अंग्रेजी का 'साइन' शब्द लैटिन के इसी 'सिनुस्' (छाती) शब्द से बना है!

यह हुआ एक उदाहरण। दरअसल, आधुनिक त्रिकोणमिति **आर्यभट** की विधियों पर आधारित है। आधुनिक गणित की और भी कई विधियाँ हैं, जिनकी खोज भारत में हुई थी। गणित की कई विधियों के साथ आज यूरोप के गणितज्ञों के नाम जुड़े हुए हैं, पर किसी भी विधि के साथ प्राचीन भारत के किसी गणितज्ञ का नाम देखने को नहीं मिलता। इसका हमें विशेष खेद भी नहीं है। लेकिन हम सबको यह जानकारी अवश्य रखनी चाहिए कि भारतीय वैज्ञानिकों ने क्या खोजा और संसार को क्या-कुछ दिया।

चिकित्सा के क्षेत्र में भी प्राचीन भारत काफी आगे था। हमारे देश में **सुश्रुत-संहिता** और **चरक-संहिता**-जैसे आयुर्वेद के महान ग्रंथों की रचना हुई। दक्षिण-पूर्व एशिया और पश्चिमी एशिया के देशों में भी हमारा चिकित्सा-ज्ञान फैला। खलीफाओं के शासन-काल में, सातवीं-आठवीं सदी में, जब बगदाद-जैसे नगरों में अस्पताल स्थापित हुए थे, तब वहाँ भारतीय चिकित्सकों को बड़े सम्मान के साथ नियुक्त किया जाता था।

धातुकर्म में भी हमारा देश काफी आगे था। सबूत है दिल्ली में कुतुबमीनार के पास खड़ा लौहस्तंभ। इस स्तंभ पर एक लेख खुदा हुआ है, जिसके अक्षर 400 ई. के आसपास के हैं। अभी अठारहवीं सदी तक यूरोप के

ढलाईघरों में भी लोहे का इतना बड़ा स्तंभ नहीं बन सकता था।

प्लास्टिक सर्जरी भारत की देन है। करीब दो हजार साल पहले हमारे देश में शल्य-चिकित्सा के **सुश्रुत-संहिता** ग्रंथ की रचना हुई थी। इस ग्रंथ में होंठ, नाक और कान की प्लास्टिक सर्जरी करने की विधियाँ बतलाई गई हैं। यह ज्ञान हमारे देश में सदियों तक जीवित रहा। अंत में अठारहवीं सदी में ईस्ट इंडिया कंपनी के अंग्रेज डाक्टरों ने महाराष्ट्र के एक वैद्य को नाक की प्लास्टिक सर्जरी करते देखा और इसका विवरण लंदन की एक पत्रिका में छपा, तभी यूरोप में इसका तेजी से विकास हुआ। प्लास्टिक सर्जरी की एक विधि आज भी 'भारतीय विधि' के नाम से प्रसिद्ध है।

भारत ने ज्ञान-विज्ञान के क्षेत्र में संसार को और भी बहुत-सी चीजें दी हैं। लेकिन ज्ञान का प्रवाह एक-तरफा कभी नहीं होता। हमने संसार को बहुत कुछ दिया है, तो दूसरे देशों से बहुत कुछ लिया भी है। यह कहना गलत होगा कि प्राचीन काल में हमारा देश ही सबसे बढ़ा-चढ़ा था। वेदों की रचना होने के सदियों पहले प्राचीन मिस्र और मेसोपोटामिया में गणित, ज्योतिष और चिकित्साशास्त्र पर स्वतंत्र पुस्तकें लिखी जा चुकी थीं।

समय-समय पर हमारे देश में बाहर से बहुत सारे लोग आए और यहाँ बसकर भारतीय संस्कृति में घुल-मिल गए। ये लोग अपने साथ नया ज्ञान लाए। आर्यभाषी लोग इस देश में बाहर से आए। ये अपने साथ लोहे का ज्ञान लाए, घोड़ों से जुतनेवाले रथों का ज्ञान लाए।

सिकंदर के हमले के बाद हमारा देश यूनानियों के अधिक निकट संपर्क में आया। बहुत-से यूनानी पश्चिमोत्तर भारत में बस गए। इनसे हमने अनेक बातें सीखीं। यूनानियों के बाद मध्य एशिया से अनेक मानव-समूह भारत में आए और यहाँ की जनता के साथ घुल-मिल गए। इनसे भी हमने बहुत-सी बातें सीखी हैं।

पाँचवीं-छठी सदी में हमारे देश में **वराहमिहिर** एक महान ज्योतिषी हुए। उन्होंने **पंचसिद्धांतिका** नामक एक ग्रंथ लिखा था। इस ग्रंथ में वराह ने यूनान व रोम के ज्योतिष-ज्ञान की भी जानकारी दी है। वराह उदार वृत्ति के विद्वान थे। उन्होंने लिखा है कि दूसरों के श्रेष्ठ ज्ञान को हमें उदारता से स्वीकार करना चाहिए। इसके समर्थन में उन्होंने प्राचीन काल के **गर्ग मुनि** का वचन उद्धृत किया है :

म्लेच्छा हि यवनास्तेषु सम्यक् शास्त्रमिदं स्थितम्।
ऋषिवंतेऽपि पूज्यंते किं पुनर्दैवविद् द्विजः।।

सारांश, यूनानी लोग म्लेच्छ होने पर भी शास्त्रों के जानकार हैं। इसलिए

उन्हें ऋषियों की तरह पूज्य मानना चाहिए ।

इस श्लोक से ही पता चलता है कि यूनानियों से हमने अनेक बातें सीखी हैं । वराह ने राशियों के लिए क्रिय, ताबुरि, कौर्प्य, तौक्षिक आदि शब्दों का प्रयोग किया है । ये यूनानी भाषा के शब्द हैं । केंद्र, हेलि, होरा आदि भी यूनानी शब्द ही हैं । इनसे स्पष्ट होता है कि ज्योतिष की कई बातों के लिए हम यूनानियों के ऋणी हैं ।

अरबों ने हमसे बहुत कुछ लिया, फिर भी हम उनके ऋणी हैं । इसलिए कि उन्होंने भारतीय ज्ञान-विज्ञान का यूरोप में प्रचार किया । अरब लोग ज्ञान-विज्ञान के प्रेमी थे । उन्होंने भारत और प्राचीन यूनान के ज्ञान को सुरक्षित रखा और विकसित किया ।

हम **अल्बेरूनी** (1030 ई.) जैसे विद्वानों के भी ऋणी हैं । ग्यारहवीं सदी में अल्बेरूनी ने भारत के ज्ञान-विज्ञान के बारे में एक महान ग्रंथ की रचना की थी । इस ग्रंथ से हमें जानकारी मिलती है कि उस समय तक हमारा देश ज्ञान-विज्ञान में कितनी तरक्की कर चुका था । भारतीय विज्ञान के बारे में इतनी ठोस जानकारी हमें किसी भी दूसरे ग्रंथ में नहीं मिलती ।

आरंभ में अरबों को हमने ज्ञान-विज्ञान की बातें दीं । उन्होंने तरक्की की । फिर हमने उनसे लेना शुरू किया । यूनानी चिकित्सा-पद्धति अरबों से ही हमें मिली है । अठारहवीं सदी के प्रथम चरण में जयपुर के **महाराजा सवाई जयसिंह** ने दिल्ली, जयपुर, उज्जैन आदि स्थानों में वेधशालाएँ (जंतर-मंतर) खड़ी कीं । ये वेधशालाएँ समरकंद की वेधशाला के नमूने पर बनी थीं । समरकंद की वेधशाला प्रख्यात ज्योतिषी **उलूग-बेग** (1394-1449 ई.) ने बनवाई थी । सवाई जयसिंह ने ज्योतिष व गणित के अनेक अरबी ग्रंथों का संस्कृत में अनुवाद करवाया था ।

इस प्रकार, प्राचीन काल में ज्ञान-विज्ञान के आदान-प्रदान का यह सिलसिला हमेशा जारी रहा । यदि हम कहें कि भारत ने संसार को दिया बहुत है और लिया कुछ भी नहीं, तो यह पोंगापंथी की बात होगी ।

प्राचीन भारत के विज्ञान के बारे में और एक बात साफ-साफ समझ लेनी चाहिए । हमारे देश में आज भी ऐसे कई लोग हैं, जो समझते हैं कि दुनिया का सारा ज्ञान **वेदों** में भरा हुआ है । कुछ लोग यहाँ तक कहते हैं कि वेदों में एटम बम बनाने के फार्मूले हैं । कुछ धार्मिक नेताओं ने यह भी प्रचार किया है कि वेदों के मंत्रों में आधुनिक उच्च गणित के फार्मूले छिपे हुए हैं । इस ढकोसले को सिद्ध करने के लिए एक धर्माचार्य ने एक ग्रंथ भी लिखा है ।

वेदों में उच्च गणित की कोई जानकारी नहीं है । इस बात की सचाई के लिए दो सबूत हैं । एक, वेद गणित के ग्रंथ नहीं हैं । दरअसल वैदिक समाज को इनकी जरूरत ही नहीं थी । अपने पशुधन की गिनती करने के लिए ही

उन्हें छोटी-मोटी गणनाएँ करनी पड़ती थीं। दूसरे, वैदिक समाज अभी गाँव ही बसा चुका था। अभी वे कबीलाई व्यवस्था से बहुत आगे नहीं बढ़े थे। ऐसे समाज को जटिल गणनाओं की जरूरत नहीं पड़ती।

दूसरी तरफ, भारत में आर्यभाषी लोगों के आगमन के पहले यहाँ एक विकसित नागरी सभ्यता अपनी उन्नति के शिखर पर पहुँच चुकी थी। यह थी **सिंधु सभ्यता**। सिंधु सभ्यता के लोग निश्चित रूप से आर्यों से बढ़े-चढ़े थे।

तात्पर्य यह है कि, किसी भी देश के विज्ञान को तत्कालीन समाज की आर्थिक, सामाजिक एवं राजनीतिक परिस्थितियों से जुदा करके हम समझ नहीं सकते। जब राजाओं का केंद्रीय शासन आरंभ हुआ, राज्यादेश जारी किए जाने लगे, आय-व्यय का हिसाब रखा जाने लगा, तभी लेखन-कला और गणित का विकास हुआ है।

प्राचीन काल के विज्ञान का जादू-टोने तथा धर्म-कर्म के साथ भी गहरा संबंध रहा है। **अथर्ववेद** में जादू-टोने के साथ ही हमें चिकित्सा की थोड़ी जानकारी मिलती है। प्राचीन भारत में धर्म-कर्म के साथ ही रेखागणित का विकास हुआ था। ज्योतिष का आरंभिक विकास भी धार्मिक विश्वासों के साथ जुड़ा हुआ है। संसार की सभी प्राचीन सभ्यताओं में धर्म और विज्ञान का चोली-दामन का रिश्ता रहा है। आधुनिक काल में ही विज्ञान अपने को धर्म और दर्शन से अलग कर पाया है।

प्राचीन विज्ञान धर्म-कर्म से जुड़ा हुआ था, इसलिए समाज के एक वर्गविशेष का इस पर एकाधिकार रहा है। यह था पुरोहित-पंडितों का वर्ग। आम जनता को ज्ञान-विज्ञान से दूर रखने के लिए और इसे अपने वर्ग तक ही सीमित रखने के लिए पुरोहित-पंडितों ने हर तरह के हथकंडे अपनाए। इस खास वर्ग ने विज्ञान को रहस्य का जामा पहनाया, आरंभ में इसे केवल गुरु-शिष्य परंपरा में जीवित रखा और बाद में इसे उच्च वर्ग की सुसंस्कृत भाषा में प्रस्तुत किया। इस प्रकार, प्राचीन काल में ज्ञान-विज्ञान की बातें केवल एक विशिष्ट वर्ग तक सीमित रहीं। दूसरे देशों में भी यही हुआ।

अतः विज्ञान के इस वर्ग-स्वरूप को हमें सदैव ध्यान में रखना चाहिए। हमें वैज्ञानिक विकास की राजनीतिक, सामाजिक एवं आर्थिक पृष्ठभूमि को भी ध्यान में रखना चाहिए।

अब हम भारतीय विज्ञान की सिलसिलेवार कहानी शुरू करते हैं।

पाषाण-युग के महान आविष्कार

इस धरती पर मानव का अस्तित्व पिछले करीब दस लाख साल से है। इसलिए विज्ञान की कहानी भी इतनी ही पुरानी है।

आज हम जानते हैं कि हमारी यह पृथ्वी करीब पाँच अरब साल पहले अस्तित्व में आई थी। करीब दो अरब साल पहले तापमान की अनुकूल परिस्थितियों में अणु-परमाणुओं के मेल-जोल से इस धरती पर प्राथमिक जीवों का प्रादुर्भाव हुआ। धीरे-धीरे इन जीवों का विकास आरंभ हुआ।

करीब दस लाख साल पहले वानर-जैसे कुछ प्राणी पीछे के अपने दो पैरों पर खड़े होकर चलने लगे। सामने के उनके दो पैर चलने के श्रम से मुक्त

आज से करीब दस लाख साल पहले आदिम मानव से पहली बार हथियार उठाए।

हुए। सामने के उनके दो 'पैर' तब से 'हाथ' बने। अपने इन आजाद हाथों से वे प्राणी अब नए काम कर सकते थे। इन्हीं हाथों के श्रम ने उन प्राणियों को 'मानव' बनाया।

करीब दस लाख साल पहले पहली बार उस प्राणी ने अपने हाथों में हड्डी या लकड़ी का डंडा पकड़ा। उसका हाथ 'लंबा' हो गया। उसके हाथ को अतिरिक्त बल मिला। हाथ में पकड़े हुए डंडे से वह प्राणी छोटे-मोटे शिकार कर सकता था। उस डंडे से वह छोटे-मोटे पत्थर ढकेल सकता था।

करीब दस लाख साल पहले उस प्राणी के आजाद हुए हाथों ने पत्थर उठाया। इन पत्थरों को वह फेंक सकता था। इन पत्थरों से वह छोटे-मोटे जानवरों को मार सकता था। इन पत्थरों ने उसके हाथों को कई गुना बलशाली बनाया। एक पत्थर से दूसरे पत्थर को तोड़-तोड़कर और तराश कर वह नुकीले तथा धारदार हथियार बनाने लगा।

इस प्रकार, उस आदिम मानव के हाथ अधिक बलशाली बने। हाथों की इस मेहनत ने उस आदिम मानव की बुद्धि को पैना बनाया और उसे विकास की ओर तेजी से आगे बढ़ाया।

उस आदिम मानव ने पत्थरों के तरह-तरह के औजार बनाए। और भी कई चीजें खोजीं। हमें इन्हीं के बारे में जानना है। लेकिन पहले यह जान लेना जरूरी है कि कई लाख साल तक आदमी मुख्यतः पत्थरों के हथियारों का ही इस्तेमाल करता रहा। इसलिए मानव के इतिहास के इस लंबे काल को हम **पाषाण-युग** का नाम देते हैं।

करीब छः हजार साल पहले आदमी ने ताँबे की खोज की। तब से ताँबे के औजार बनने लगे। ताँबे के साथ करीब दस प्रतिशत टीन मिलाने से काँसा बनता है। इन धातुओं की खोज के साथ मानव के इतिहास का एक नया युग शुरू होता है। इस युग को हम **ताम्रयुग** या **काँस्ययुग** कहते हैं। प्राचीन भारत की सिंधु सभ्यता ताम्रयुग की सभ्यता थी। इस सभ्यता की वैज्ञानिक उपलब्धियों की जानकारी हम अगले प्रकरण में देंगे।

आज से करीब साढ़े तीन हजार साल पहले लोहे की खोज हुई। तब से लोहे के औजार बनने लगे। तब से **लौहयुग** की शुरुआत हुई।

इस प्रकार हम देखते हैं कि मानव ने अपने विकास का सबसे लंबा समय पाषाण-युग में बिताया। इस बात के पक्के सबूत मिले हैं कि पाँच लाख साल पहले का मानव पत्थर के औजारों का इस्तेमाल करता था और आग की खोज कर चुका था। चीन और जावा से ऐसे पुरातन मानव की हड्डियाँ भी मिली हैं। अफ्रीका से इससे भी कुछ अधिक पुरातन मानव के अवशेष व औजार मिले हैं।

वैज्ञानिकों ने लंबे पाषाण-युग को मुख्यत: दो भागों में बाँटा है : पुरापाषाण-युग और नवपाषाण-युग। **पुरापाषाण-युग** का मानव छोटे समूह बनाकर रहता था, पत्थरों के औजारों का इस्तेमाल करता था, शिकार करके तथा बटोरकर भोजन की सामग्री जुटाता था, आग की खोज कर चुका था और भाषा को भी जन्म दे चुका था।

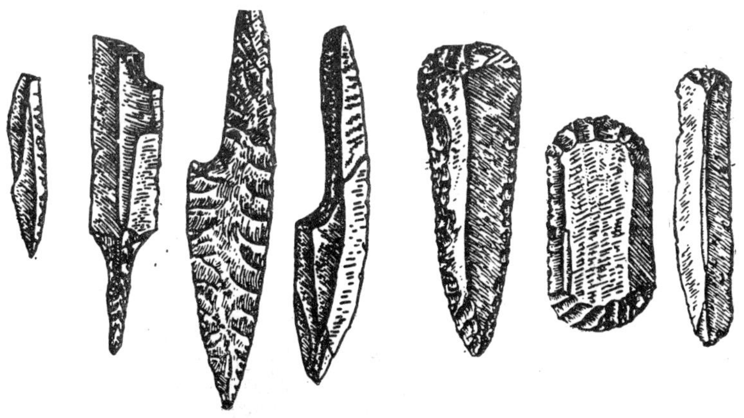

पाषाण-युग के अधिक सुघड़ औजार। इनमें फल, बरमा, धारदार चकती तथा खुरचनियाँ हैं।

आज से लगभग दस हजार साल पहले **नवपाषाण-युग** की शुरुआत हुई। इस युग में भी पत्थर के ही औजार बनते थे, किंतु ये औजार अधिक सुघड़ और सूक्ष्म थे। अब आदमी ने खेती करना शुरू किया और कुछ पशुओं को पालतू भी बनाया। अब आदमी ने गाँव भी बसाए। सामाजिक जीवन का आरंभ हुआ। फसल और ऋतु से संबंधित कुछ आदिम संस्कार अस्तित्व में आए। उपचार के कई तरीके ज्ञात हुए। आदमी जड़ी-बूटियों से अपना इलाज करने लगा। शल्य-चिकित्सा के भी कुछ तरीके खोजे गए।

दरअसल, चिकित्साशास्त्र सबसे प्राचीन विज्ञान है। उस जमाने का चिकित्सा-ज्ञान जादू-टोने से जुड़ा हुआ था। ओझा ही उस जमाने के वैद्य थे। लेकिन उस जमाने में अभी देवताओं की या किसी सर्वशक्तिमान ईश्वर की कल्पना नहीं की गई थी। उस जमाने के मानव को अभी इन कल्पनाओं की जरूरत भी नहीं थी। इसलिए उस जमाने में अभी मंदिरों और पुरोहितों का कोई अस्तित्व नहीं था। वह आदिम साम्यवाद का युग था। हमें इसी लंबे युग के कुछ महान आविष्कारों के बारे में जानकारी प्राप्त करनी है।

पुरापाषाण-युग की किसी भी खोज का श्रेय हम किसी एक देश या एक मानव-समूह को नहीं दे सकते। हमारे पास यह जानने के लिए आज कोई

साधन नहीं है कि पहली बार किस मानव या मानव-समूह ने पत्थर के औजार बनाए थे या आग की खोज की थी। कई देशों से पाषाण-युग के औजार मिले हैं। हमारे देश में पुरापाषाण-युग के मानव की हड्डियाँ तो नहीं मिली हैं, लेकिन औजार मिले हैं। पत्थर के ये औजार उत्तर भारत में सोहन नदी की घाटी में मिले हैं, मध्यभारत और महाराष्ट्र में मिले हैं, कृष्णा नदी की घाटी में मिले हैं और दक्षिण में मद्रास के आसपास मिले हैं।

हजारों साल के अनुभव के बाद ही आदिम मानव पत्थरों के तरह-तरह के हथियार बना पाया था। पत्थर का चुनाव तथा उसे विशेष विधियों से तराशना या उसमें छेद करना सरल काम नहीं था। यह **तकनीकी** की शुरुआत थी। कुछ आदमी पत्थर के औजार बनाने में अधिक कुशल होते होंगे।

चकमक-पत्थर में छेदं करने की एक प्रागैतिहासिक विधि

आदमी ने पहली बार **आग** की खोज कैसे की और इस पर कैसे अधिकार प्राप्त किया, यह जानने के लिए आज हमारे पास कोई साधन नहीं है। जहाँ ज्वालामुखी हो या प्राकृतिक गैस तथा तेल के स्रोत हों, ऐसे ही स्थानों पर जंगली आग भड़कती है। गरमी में घर्षण के कारण भी कभी-कभी जंगलों में आग लग जाती है।

उस जमाने में आग को जलते रखना बड़ा कठिन काम रहा होगा। उस जमाने में आग को विशेष महत्त्व दिया जाता था, इसीलिए हमें अग्नि के बारे में अनेक प्राचीन आख्यान सुनने को मिलते हैं।

आग की खोज होने पर आदमी ने खाने की चीजों को भूनने और पकाने के तरीके खोज निकाले। आरंभ में उसने टोकरियाँ बनाईं। इन टोकरियों में

गीली मिट्टी लगाकर उसने बर्तन बनाए। फिर उसने मिट्टी के बर्तन बनाए और उन्हें आग में पकाया। आरंभ में वह गरम पत्थरों को गड्ढों या बर्तनों में डालकर चीजों को पकाता था। फिर वह बर्तनों में इन चीजों को पकाने या उबालने लगा। पकाने की इस क्रिया के साथ पुरातन **रसायन** ने जन्म लिया।

पुरापाषाण-युग के मानव नदी के आसपास रहते थे। वे डंडे के एक सिरे को नुकीला करके या उस पर नुकीला छोटा पत्थर जोड़कर मछली तथा अन्य छोटे प्राणियों का शिकार करते थे। उन्होंने नदी को पार करने के साधन भी खोज निकाले थे।

पुरापाषाण-युग का मानव तीर व धनुष की खोज कर चुका था। वह सामूहिक रूप से जंगली जानवरों का शिकार करता था। अभी उसने खेती करना नहीं जाना था। वह कंद-मूल और जंगली अनाज बटोरता था। यह मुख्यतः स्त्रियों का काम था। छोटे बच्चे लकड़ी बटोर-बटोरकर आग को जलती रखते होंगे।

मानव ने **भाषा** की खोज कैसे की, इसके बारे में कई मत हैं। लेकिन इतना निश्चित है कि पाँच लाख साल पहले का मानव भाषा की खोज कर चुका था। हमारे कई शब्दों के मूल अर्थ उस जमाने की जीवन-पद्धति से मेल खाते हैं।

पुरापाषाण-युग लाखों साल तक चला। विभिन्न प्रदेशों के मानव-समूह एक-दूसरे के संपर्क में आए और उन्होंने एक-दूसरे की तकनीक सीखी। उस समय के आविष्कार आज हमें विशेष महत्त्व के नहीं जान पड़ते। लेकिन उस जमाने के मानव-समाज के लिए उनका बड़ा महत्त्व था। कल्पना कीजिए कि उस जमाने के मानव को पत्थर के किसी खास प्रकार के औज़ार की खोज होने से कितनी खुशी हुई होगी! एक पत्थर को दूसरे पत्थर पर मारकर या दो सूखी लकड़ियों को घिसकर जब उसने आग पैदा की होगी तो वह खुशी से नाच उठा होगा।

आज से करीब दस हजार साल पहले मानव **नवपाषाण-युग** में प्रवेश करता है। अब उसके पत्थर के औजार बेहतर थे, सुघड़ और सूक्ष्म थे। अब उसने छोटे-छोटे तेज धारवाले पत्थरों को लकड़ी के साथ जोड़कर आरी और हँसिया-जैसे हथियार बना लिए थे। इन हथियारों से वह फसल काट सकता था, लकड़ी काट सकता था। **कृषिकर्म** और **बढ़ई** के काम की शुरुआत हुई।

पत्थर के हथियार और आग की खोज के बाद कृषिकर्म मानव का सबसे बड़ा आविष्कार है। कृषि ने मानव के भौतिक एवं सामाजिक जीवन को नया आधार प्रदान किया। लेकिन हम नहीं जानते कि मानव ने ठीक किस प्रकार

खेती करना सीखा। इतना निश्चित है कि लंबे तजुर्बे के बाद ही आदमी ने बीज बोना, फसल काटना और अनाज तैयार करना सीखा होगा।

हम बता चुके हैं कि पुरापाषाण-युग में कंद-मूल जमा करना और अनाज बटोरना मुख्यतः स्त्रियों का काम था। इसलिए संभव यही जान पड़ता है कि कृषिकर्म की खोज सबसे पहले स्त्रियों ने ही की होगी। आरंभ में, बैलों द्वारा हल की जोताई शुरू होने तक, कृषिकर्म मुख्यतः स्त्रियों का ही धंधा था। इसलिए उस जमाने में स्त्रियों के श्रम को विशेष महत्त्व दिया जाता था।

कृषिकर्म के लिए एक स्थान पर लंबे समय तक टिके रहना जरूरी हो जाता है। इसलिए आदमी ने **गाँव** बसाए। पश्चिम एशिया के देशों में करीब नौ हजार साल पहले के गाँवों के पुरावशेष मिले हैं। हमारे देश में करीब छः- सात हजार साल पहले के गाँवों के अवशेष मिले हैं।

पुरापाषाण-युग का मानव कुत्ते को पालतू बना चुका था। अब नवपाषाण-युग में, कृषिकर्म की स्थापना के बाद, उसने भेड़-बकरी और गाय-बैल को भी पालतू बनाया। इन पशुओं से उसे मांस मिलता था। जोताई और माल ढोने में भी इन पशुओं का इस्तेमाल होने लगा।

इस युग का और एक महान आविष्कार है **चाक**। कुम्हार के चाक के 5200 साल पहले के अवशेष मिले हैं। पहिए की बैलगाड़ियों की खोज कुछ बाद में हुई—ताम्रयुग में। लेकिन नवपाषाण-युग का मानव कपड़े बुनना जानता था। उसके घर घास-फूस और लकड़ी के होते थे। अब वह मिट्टी के बढ़िया बर्तन बना लेता था और इन पर **चित्रकारी** भी करता था। दरअसल, पिछले करीब पच्चीस हजार साल से मानव चित्रकारी जानता है। यूरोप की कई प्राचीन गुफाओं में पशुओं के सुंदर चित्र मिले हैं, जिनमें विविध रंगों का इस्तेमाल किया गया है। हमारे देश में भी मिर्जापुर के पास की पहाड़ियों में और मध्यभारत में कई स्थानों पर पाषाण-युग के चित्र मिले हैं। इन चित्रों में मुख्यतः शिकार के दृश्य अंकित किए गए हैं।

नवपाषाण-युग का मानव चंद्रमा की घटती-बढ़ती कलाओं के आधार पर समय का हिसाब रखने लग गया था। अब कृषिकर्म के लिए उसे ऋतुओं का ज्ञान जरूरी हो गया था। सूर्य और कुछ प्रमुख तारों की गतियों के आधार पर वह ऋतुओं का हिसाब रखने लगा। इस प्रकार **पंचांग** ने जन्म लिया।

आदमी ने अभी अक्षरों की खोज नहीं की थी। लेकिन उसने कुछ भावचित्रों को बना लिया था। रेखाओं से वह छोटी संख्याओं को व्यक्त करने में समर्थ था। दरअसल, लिपि के पहले ही **अंक-संकेतों** की खोज हो चुकी थी।

नवपाषाण-युग का मानव धातु के औजार बनाने में समर्थ नहीं था। ताँबे को शुद्ध करने और गलाने के लिए ऊँचे तापमान की जरूरत पड़ती है। ताँबे और लोहे-जैसी धातुएँ खनिजों के रूप में ही पाई जाती हैं। लेकिन चाँदी, सोना और ताँबे के छोटे-छोटे डल्ले कभी-कभी शुद्ध रूप में भी मिल जाते हैं। नवपाषाण-युग के मानव ने ऐसे सोने, चाँदी और ताँबे के आभूषण बनाए।

जब से ताँबे के हथियार बनने लगे, तब से ताम्रयुग की शुरुआत हुई। प्राचीन भारत की सिंधु सभ्यता ताम्रयुग की सभ्यता थी।

सिंधु सभ्यता की वैज्ञानिक उपलब्धियाँ

सन् 1920 तक हम सोचते थे कि वैदिक सभ्यता ही हमारे देश की सबसे पुरानी सभ्यता है। लेकिन यह बात गलत सिद्ध हुई। 1920 के बाद आज के पाकिस्तान में पुराने दो बड़े नगरों की खोज हुई। ये नगर थे मोहनजोदड़ो और हड़प्पा। **मोहनजोदड़ो** सिंध प्रांत में सिंधु नदी के तट पर है और **हड़प्पा** पंजाब में रावी के तट पर। धीरे-धीरे सिंधु नदी की घाटी में इस सभ्यता के और भी कई स्थल खोजे गए।

सन् 1947 में भारत-विभाजन के बाद ये स्थल पाकिस्तान में चले गए। लेकिन उसके बाद भारतीय पुराविदों ने सिंधु सभ्यता के सौ से भी अधिक नए स्थल खोजे हैं। इनमें लोथल (गुजरात), कालीबंगा (राजस्थान) और रोपड़ (पंजाब) प्रमुख स्थल हैं। सिंधु सभ्यता का विस्तार पश्चिम में बलूचिस्तान तक, पूर्व में गंगा-यमुना के दोआब तक और दक्षिण में नर्मदा तथा गोदावरी की घाटियों तक देखने को मिलता है। सिंधु सभ्यता को **हड़प्पा संस्कृति** के नाम से भी जाना जाता है।

सिंधु सभ्यता के जो पुरावशेष मिले हैं, उनके अध्ययन से पता चलता है कि 3000 ई.पू. के आसपास इस सभ्यता का उदय हुआ और 1500 ई.पू. के आसपास इसका अंत हुआ। मिस्र, इराक (मेसोपोटामिया) और चीन में भी इतनी ही प्राचीन सभ्यताओं की खोज हुई है। नील, दजला-फरात, सिंधु, पीत और याङ्त्से-जैसी विशाल नदियों की घाटियों में इन सभ्यताओं का उदय हुआ, इसलिए इन्हें हम **नदी घाटी की सभ्यताएँ** कहते हैं।

सबसे पहले इन सभ्यताओं की प्रमुख विशेषताओं को समझ लेना जरूरी है। पहली बार ताँबे और काँसे के औजार बने, इसलिए ये ताम्रयुग अथवा काँस्ययुग की सभ्यताएँ हैं। लेकिन अभी पत्थर के औजारों का भी खूब इस्तेमाल होता था।

इस युग में कृषिकर्म का विस्तार हुआ। नदियों पर बाँध बाँधे गए और नहरें निकाली गईं। नौकाएँ बनीं। पहियोंवाली बैलगाड़ियाँ अस्तित्व में आईं। अतिरिक्त अनाज जमा होने लगा।

इस युग में नगरों की स्थापना हुई। पकाई हुई ईंटों के कई मंजिले मकान बनने लगे। पॉलिश किए हुए मिट्टी के सुंदर बर्तन बनने लगे, जिन पर बढ़िया चित्रकारी होती थी। नगरों की स्थापना के साथ समाज का वर्ग-विभाजन हुआ। कारीगरों और व्यापारियों के पेशे अस्तित्व में आए। व्यक्तिगत संपत्ति ने जन्म लिया। साहूकार पैदा हुए। दासप्रथा का उदय हुआ। राज-व्यवस्था ने जन्म लिया। कानून बनने लगे।

नगरों के केंद्रभाग में प्रमुख देवता के मंदिर बनने लगे। आसपास छोटे-मोटे देवताओं के मंदिर होते थे। ये मंदिर शासन व संपत्ति के प्रमुख केंद्र होते थे। इन मंदिरों के इर्द-गिर्द ही नगरों का विकास हुआ। पुरोहित-राजाओं के एक नए वर्ग का उदय हुआ।

उस जमाने में ये पुरोहित ही ज्ञान-विज्ञान के अधिकारी थे। ज्ञान-विज्ञान की बातें प्रमुखतः इस पुरोहित-वर्ग तक सीमित थीं। ये पुरोहित चिकित्सा व ज्योतिष के जानकार थे। संपत्ति ने जन्म लिया तो उसका हिसाब रखने के लिए अंक-पद्धति और अंकगणित ने जन्म लिया। नगर-निर्माण और खेतों के बँटवारे के लिए रेखागणित का ज्ञान जरूरी था। पुरोहित लोग चंद्र, सूर्य और तारों की गतियों का लेखा-जोखा रखने लगे। पहले चांद्र-पंचांग और फिर सौर पंचांग बने। ज्योतिष-विज्ञान ने जन्म लिया।

इस युग में पहली बार लिपियों की खोज हुई। तब से मानव अपने विचारों को लिपिबद्ध करके रखने लगा।

ताम्रयुगीन सभ्यताओं की इन प्रमुख विशेषताओं की पृष्ठभूमि में अब हम सिंधु सभ्यता की वैज्ञानिक उपलब्धियों पर विचार करेंगे।

सबसे पहले **लिपि** को लीजिए। सिंधु सभ्यता के लोगों की अपनी एक लिपि थी, लेकिन अभी तक इस लिपि को पढ़ पाना संभव नहीं हुआ है। प्राचीन मिस्र व मेसोपोटामिया के लोग भी लिपि को जन्म दे चुके थे। उन लिपियों को अब हम पढ़ सकते हैं। उनकी पुस्तकों को भी हम पढ़ सकते हैं। मिस्र के लोग पत्थरों की दीवारों पर अपने लेख खुदवाते थे। वे पेपीरस-कागज पर भी लिखते थे। मेसोपोटामिया के लोग मिट्टी के फलकों पर लिखते थे। उनके लेख पढ़े गए हैं, इसलिए उन सभ्यताओं के बारे में अधिक ठोस जानकारी मिलती है।

सिंधु सभ्यता की लिपि के अक्षर मुख्यतः छोटी-छोटी मुहरों पर खुदे हुए हैं। हाथीदाँत व सेलखड़ी की मुहरों पर लिपि-संकेतों के साथ-साथ मनुष्यों और पशु-पक्षियों की आकृतियाँ उकेरी हुई हैं। सिंधु सभ्यता का ऐसा कोई लेख नहीं मिला है, जिसमें बीस से अधिक संकेत हों। इस लिपि में

भिन्न-भिन्न करीब तीन सौ संकेत हैं। इतने संकेतोंवाली लिपि वर्ण-मालात्मक नहीं हो सकती। ताम्रयुग में अभी शुद्ध वर्णमाला की खोज नहीं हुई थी। उस समय की ये लिपियाँ मुख्यतः भावचित्रात्मक थीं।

सिंधु सभ्यता की मुहरें, जिन पर सिंधु लिपि के संकेत उत्कीर्ण हैं। ऊपर दाईं ओर की मुहर 'पशुपति-मुद्रा' के नाम से प्रसिद्ध है।

चिकित्सा, अंकगणित, ज्योतिष और शासन-व्यवस्था के बारे में जानकारी प्राप्त करने के लिए मिस्र और मेसोपोटामिया से पर्याप्त लिखित सामग्री मिलती है। परंतु सिंधु सभ्यता से वैसी सामग्री नहीं मिली है। सिंधु लिपि पढ़ भी ली जाए, तब भी हमें अधिक जानकारी नहीं मिलेगी। इसलिए सिंधु सभ्यता के अनेक स्थलों से जो पुरावशेष मिले हैं, उन्हीं के आधार पर हम उस युग के विज्ञान के बारे में कुछ बातें जान सकते हैं।

धातुकर्म को लीजिए। प्रकृति में सोना और चाँदी शुद्ध रूप में मिल जाते हैं। इसलिए पाषाण-युग का मानव ही इन धातुओं की खोज कर चुका था। वह इन धातुओं के आभूषण बनाता था। ताँबा भी कभी-कभी छोटे डल्लों के रूप में मिल जाता है। इसलिए पाषाण-युग का मानव ताँबे से भी परिचित था।

लेकिन अधिक ताँबा खनिजों के रूप में ही मिल सकता है। ऊँचे तापमान पर इन खनिजों को तपाकर ही शुद्ध ताँबा प्राप्त किया जा सकता है। ताँबा 1083^0 सेंटीग्रेड तापमान पर पिघलता है और 2360^0 सेंटीग्रेड पर उबलता है। जब आदमी के लिए इतना ऊँचा तापमान पैदा करना संभव हुआ, तभी वह ताँबे के औजार बना पाया।

नदी घाटी सभ्यताओं के लोग कच्ची धातु से शुद्ध ताँबा इस प्रकार प्राप्त करते होंगे : एक गड्ढा बनाकर उसमें आग जलाई जाती थी। उस पर ताँबे की कच्ची धातु डाल दी जाती थी। फिर ऊपर से लकड़ियाँ डाल दी जाती थीं। लगभग पूरे दिन आग को धधकते रखा जाता था। उस समय तक भाथी या धौंकनी की खोज हो चुकी थी। इन धौंकनियों से उस गड्ढे की आग को धधकती रखा जाता था।

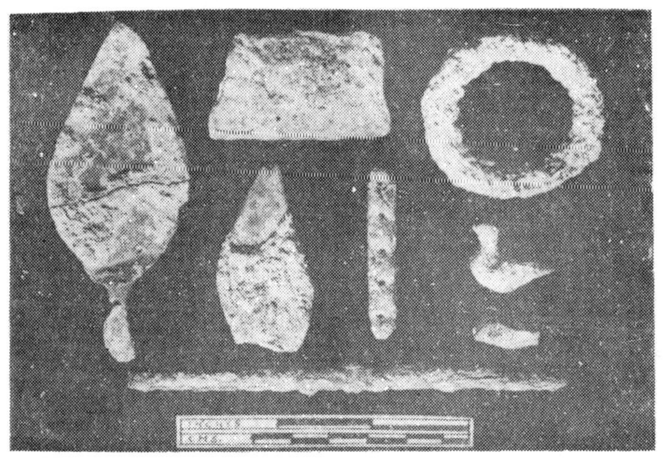

सिंधु सभ्यता के एक प्रमुख स्थल लोथल (काठियावाड़) से प्राप्त ताँबे और काँसे की वस्तुएँ। इनमें दाईं ओर बीच में देखिए ताँबे की ढली हुई किसी पक्षी की मूर्ति। (चित्र : भारत सरकार के पुरातत्त्व विभाग के सौजन्य से)

अत में उस गड्ढे के नीचे ताँबा जमा हो जाता था। आरंभ में उस ताँबे को पीट-पीटकर औजार व आभूषण बनाए जाते थे। फिर आदमी ने यह भी

जाना कि ताँबे को गलाकर साँचों में ढाला जा सकता है। भट्ठी और भाथी में सुधार हुआ तो ताँबे की **ढलाई** संभव हुई।

राजस्थान में ताँबे की खानें हैं। इसलिए संभव यही जान पड़ता है कि सिंधु सभ्यता के लोग यहाँ की खानों से ताँबे की कच्ची धातु प्राप्त करते थे। उस समय सिंधु की घाटी में घने जंगल थे, इसलिए लकड़ी की कोई कमी नहीं थी। उनके मकान पकाई हुई ईंटों के बनते थे। ईंटों को पकाने के लिए भी उन्हें काफी लकड़ी की जरूरत पड़ती होगी।

ताँबा कुछ मुलायम धातु है। इसके साथ यदि बीस प्रतिशत तक टीन (वंग) मिलाया जाए तो **काँसा** बनता है, जो कुछ कठोर धातु है। सिंधु सभ्यता के लोग काँसे के औजार बनाते थे। वे काँसे को ढालना भी जानते थे। मोहनजोदड़ो से काँसे की ढली हुई एक मूर्ति मिली है, जो 'नर्तकी बाला' के नाम से प्रसिद्ध है।

मोहनजोदड़ो से प्राप्त करीब 4500 वर्ष प्राचीन 'नर्तकी बाला' की काँसे की मूर्ति। ऊँचाई 10.5 सेंटीमीटर। यह मूर्ति 'मधूच्छिष्ट-विधान' से ढाली गई है।

ऐसी मूर्तियाँ खास ढंग से बनाई जाती थीं। पहले उस मूर्ति का मोम का ढाँचा बनाया जाता था। फिर इसके ऊपर मिट्टी की मोटी परत चढ़ा दी जाती थी। तदनंतर गरम करके उस मोम को बाहर निकाला जाता और उसमें पिघला हुआ ताँबा या काँसा ओत दिया जाता। 'नर्तकी बाला' की मूर्ति इसी विधि से बनी है। इस विधि को 'मधूच्छिष्ट-विधान' कहते हैं।

लेकिन यह समझना गलत होगा कि उस जमाने में बड़ी संख्या में ताँबे या काँसे के औजार बनते थे। ये धातुएँ बड़ी कठिनाई से प्राप्त होती थीं, इसलिए ताँबे-काँसे के औजार व बर्तन उच्च वर्ग के लोगों के लिए ही सुलभ थे। अधिकतर लोग अभी पत्थरों के औजारों और मिट्टी के बर्तनों का ही इस्तेमाल करते थे।

मोहनजोदड़ो और हड़प्पा बड़े नगर थे। नगरों के निर्माण के साथ नए वर्ग अस्तित्व में आए। देहातों के किसान अनाज पैदा करते थे। नगर-निवासियों के लिए अब अतिरिक्त अनाज उपलब्ध था। मोहनजोदड़ो की खुदाई में बड़े-बड़े धान्य-कोठार मिले हैं। इन कोठारों के नजदीक छोटे-छोटे कमरे थे। इनमें दास और कमकर रहते होंगे। अनाज को कूटना और पीसना इनका काम रहा होगा।

अब बढ़ई, लोहार, मिस्त्री आदि के पेशे अस्तित्व में आ गए थे। इन सब पर पुरोहित-राजाओं का अधिकार रहा होगा। सिंधु सभ्यता के लोग निश्चित रूप से पहियों की बैलगाड़ियों का इस्तेमाल करते थे। मोहनजोदड़ो से बैलगाड़ी का खिलौना मिला है और मुहरों पर साँड या बैल की आकृतियाँ अंकित हैं।

मोहनजोदड़ो से प्राप्त बैलगाड़ी का एक खिलौना

सिंधु सभ्यता के लोग **नौकाएँ** बनाते थे । ये नौकाएँ, न केवल नदियों में, बल्कि समुद्रों में भी चलती थीं । लोथल की खुदाई में ईंटों की बनी हुई 128 मीटर लंबी और 37 मीटर चौड़ी एक आयताकार गोदी (डॉकयार्ड) मिली है । यह गोदी एक नहर द्वारा उस भगवा नदी से जोड़ी गई थी जो अरब सागर में गिरती है ।

इस बात के पक्के सबूत मिलते हैं कि सिंधु सभ्यता के लोग नावों से मेसोपोटामिया पहुँचते थे । मेसोपोटामिया के कुछ प्राचीन नगरों की खुदाई में सिंधु सभ्यता की मुहरें मिली हैं । इससे स्पष्ट है कि इन दो सभ्यताओं में **व्यापार** चलता था । सिंधु सभ्यता के लोग **कपास** पैदा करते थे और **सूती वस्त्र** बनाते थे । इसलिए संभव यही जान पड़ता है कि वे मुख्यतः इन सूती वस्त्रों का निर्यात करते थे ।

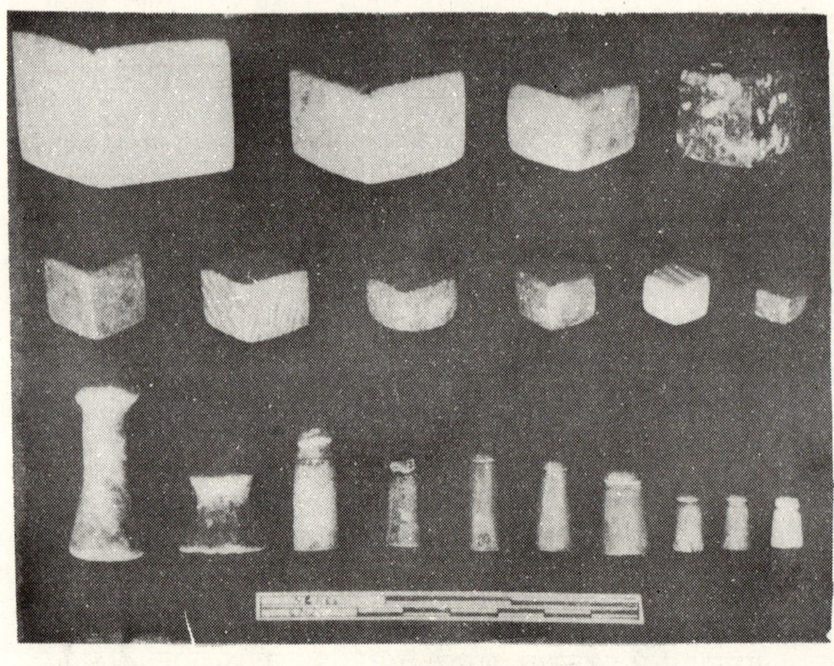

सिंधु सभ्यता के छोटे-बड़े तथा विविध आकार के बाँट । (चित्र : भारत सरकार के पुरातत्व विभाग के सौजन्य से)

हम बता चुके हैं कि पाषाण-युग में **अंक-संकेत** अस्तित्व में आ गए थे । अब ताम्रयुग में व्यक्तिगत संपत्ति और व्यापार ने हिसाब-किताब व

माप-तौल के साधनों को जन्म दिया। इसी प्रकार, लेखन-कला के आविष्कार के मूल में भी व्यक्तिगत संपत्ति और राज्य-व्यवस्था ही है। सिंधु सभ्यता की मुहरों पर 1 से 13 तक खड़ी रेखाएँ देखने को मिलती हैं, जो संभवतः अंक-संकेतों की सूचक हैं।

सिंधु सभ्यता के अनेक स्थलों से छोटे-बड़े लगभग डेढ़ सौ **बाँट** मिले हैं। सामान्यतः ये बाँट भूरे रंग के चकमक-पत्थर के बने हुए हैं और चौकोर घनाकृति के हैं। इनमें से कुछ बाँट चिकने पत्थर के हैं और कुछ बेलनाकार भी हैं। सबसे बड़े बाँट 1375 ग्राम के हैं और सबसे छोटे 0.87 ग्राम के। ये बाँट 1, 2, 4, 8, 16, 32, 64, 160, 200, 320, 640 और 1600 के अनुपात में हैं। इनमें 13.64 ग्राम के 16 अनुपातवाले बाँट अधिक संख्या में मिले हैं। इसलिए जान पड़ता है कि यही उनका इकाई का बाँट रहा होगा।

इससे यह भी सिद्ध होता है कि हड़प्पा संस्कृति में 16 के अनुपात का विशेष महत्त्व था। बाद में भी माप-तौल में इस 16 का विशेष महत्त्व रहा

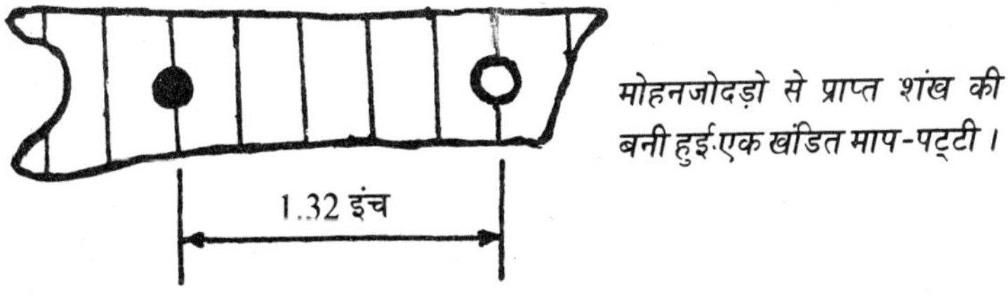

मोहनजोदड़ो से प्राप्त शंख की बनी हुई एक खंडित माप-पट्टी।

है। जैसे– 16 माशक = 1 कार्षापण, 16 छटाँक = 1 सेर, 16 आने = 1 रुपया इत्यादि। सिंधु सभ्यता के **तराजू** भी मिले हैं। बाँटों की एकरूपता से सिद्ध होता है कि किसी केंद्रीय सत्ता की देख-रेख में इनका निर्माण होता था।

मापक के दो प्रमाण मिले हैं। मोहनजोदड़ो से शंख की बनी हुई एक खंडित **माप-पट्टी** मिली है। इस पट्टी पर 9 खड़ी रेखाएँ अंकित हैं, जो समांतर हैं। दो समांतर रेखाओं के बीच 0.264 इंच की दूरी है। एक रेखा पर एक वृत्त खींचा हुआ है; इसके बाद पाँचवीं रेखा पर एक और वृत्त खींचा हुआ है। अतः इन दो वृत्तों के बीच की दूरी होगी 0.264 × 5 = 1.32 इंच।

हमारे दोनों हाथों की उँगलियाँ दस हैं, इसलिए प्रायः सभी प्राचीन सभ्यताओं में गणना का आधार दस रहा है। मेसोपोटामिया में दस के साथ-साथ साठ के आधार से भी गणनाएँ होती थीं। लेकिन लगता है कि सिंधु सभ्यता में गणना का आधार दस ही था। उस माप-पट्टी के दो वृत्तों के बीच की दूरी 1.32 इंच है, तो दस गुना लंबी माप-पट्टी 13.2 इंचों की रही होगी। अर्थात्, सिंधु सभ्यता के लोगों का एक फुट 13.2 इंचों का होता होगा। मापने के लिए इस्तेमाल होने वाला काँसे का एक खंडित दंड भी

मिला है, जिस पर रेखाएँ खींची गई हैं।

मोहनजोदड़ो नगर योजना के अनुसार बना था। सड़कें सीधी और चौड़ी हैं। पानी को बहाने के लिए सड़क के किनारे ईंटों से ढकी हुई पक्की नालियाँ बनाई गई थीं। मकान दोमंजिले होते थे। मोहनजोदड़ो से एक विशाल स्नानागार मिला है। इन सबके निर्माण में **रेखागणित** का अच्छा ज्ञान होना जरूरी है। उपजाऊ खेतों के बँटवारे के लिए भी रेखागणित का ज्ञान जरूरी है।

विस्तृत कृषिकर्म के लिए महीने की अपेक्षा वर्षमान का अधिक महत्त्व होता है। खेत तैयार करने और फसल बोने तथा काटने का समय मालूम करना जरूरी हो जाता है। इस प्रकार **सौर-पंचांग** जन्म लेता है। सिंधु सभ्यता के पुरोहित-ज्योतिषी कुछ ग्रहों को पहचानते होंगे। लेकिन लिखित सामग्री के अभाव में उनके **ज्योतिष-ज्ञान** के बारे में निश्चित रूप से कुछ नहीं कहा जा सकता। उन्हें तारों की गति-स्थिति का भी अच्छा ज्ञान रहा होगा। कुछ मुहरों पर मछली के चिह्न के साथ छः रेखाएँ अंकित हैं, जिसे कुछ पुरालिपिविद् कृत्तिका-पुंज का द्योतक मानते हैं।

सिंधु सभ्यता के नगरों में सफाई की उत्तम व्यवस्था थी। कूड़ा-कचरा फेंकने के लिए मकानों के बाहर ईंटों के गड्ढे बने हुए थे, जिनकी सफाई 'नगर पालिका' की ओर से होती होगी। अतः लगता है कि **चिकित्सालय** भी रहे होंगे और पशुओं की चिकित्सा का भी प्रबंध रहा होगा। पुरावशेषों में शिलाजीत का टुकड़ा मिला है, जो कई व्याधियों के लिए गुणकारी है। ज्योतिष की तरह **चिकित्सा** का पेशा भी उच्च वर्ग के हाथ में था। उन्हें दवाई के काम आनेवाली वनस्पतियों का भी अच्छा ज्ञान रहा होगा। इस प्रकार **वनस्पतिशास्त्र** ने जन्म लिया।

सिंधु सभ्यता के लोग गेहूँ, जौ और कपास की खेती करते थे। वे भेड़-बकरी, भैंस और सूअर पालते थे। वे मुर्गा-मुर्गी भी पालते थे। ऊँट की भी हड्डियाँ मिली हैं। इधर के वर्षों में जानकारी मिली है कि सिंधु सभ्यता के लोग घोड़े से भी परिचित थे।

ऐसी थी सिंधु सभ्यता! सभ्यता के मिट जाने पर भी उसका ज्ञान-विज्ञान नष्ट नहीं होता। बाद के आर्यों ने सिंधु सभ्यता की अनेक बातों को अपनाया। अभी तक हम यह नहीं जान पाए हैं कि सिंधु सभ्यता के लोग कौन-सी भाषा बोलते थे। अधिकांश पुराविदों का मत है कि वे द्रविड़ परिवार की भाषा बोलते थे। कुछ पुराविद् सिंधु लिपि में प्राचीन संस्कृत भाषा भी खोजते हैं।

जो भी हो, इतना निश्चित है कि सिंधु सभ्यता वेदों की सभ्यता से भिन्न और अधिक प्राचीन है। सिंधु सभ्यता में हमें लोहे के पुरावशेष नहीं मिलते। वैदिक साहित्य में हमें पहली बार लोहे के बारे में जानकारी मिलती है।

आज से लगभग साढ़े तीन हजार साल पहले **लौहयुग** का आरंभ होता है।

वैदिक काल का विज्ञान

आज से करीब साढ़े तीन हजार साल पहले इस देश में नए लोग आए। इन्हें हम आर्य कहते हैं। मूलतः ये लोग पश्चिमी मध्य-एशिया (उज़बेकिस्तान) के रहनेवाले थे। ये खानाबदोश घुमंतू लोग पशुपालक थे और कबीलाई जीवन बिताते थे।

धीरे-धीरे ये लोग यूरोप और पश्चिमी एशिया में फैल गए। इनकी कुछ टोलियाँ क्षुद्र एशिया तथा यूनान में पहुँचीं और कुछ टोलियाँ ईरान तथा भारत में पहुँचीं। इन सभी देशों में इन्होंने नई संस्कृतियों को जन्म दिया।

हम जानते हैं कि आर्यों के आगमन के पहले संपूर्ण पश्चिमी एशिया और भूमध्यसागर के क्रीट द्वीप में ताम्रयुग की विकसित सभ्यताओं का अस्तित्व रहा है। फिर भी इन घुमंतू आर्य लोगों ने इन सभ्यताओं पर विजय प्राप्त की। यह कैसे संभव हुआ?

पहली बात तो यह है कि ये खानाबदोश घुमंतू लोग थे। इनकी कोई स्थायी बस्तियाँ नहीं थीं। ये बड़ी आसानी से एक स्थान से दूसरे स्थान चले जाते थे और स्थायी बस्तियों पर हमला कर सकते थे। ईसा की तेरहवीं सदी में घुमंतू मंगोलों ने ठीक इसी तरह एशिया और यूरोप के शक्तिशाली साम्राज्यों को रौंद डाला था।

ताम्रयुग की मिस्र, मेसोपोटामिया तथा भारत की सभ्यताएँ ज्ञान-विज्ञान में बढ़ी-चढ़ी अवश्य थीं, परंतु अभी उन्हें लोहे के औजारों का ज्ञान नहीं था। ईसा पूर्व चौदहवीं सदी में पहली बार हमें लोहे के औजारों के बारे में जानकारी मिलती है। पहली बार हम पश्चिमी एशिया के हित्ती शासकों को लोहे के औजारों का इस्तेमाल करते देखते हैं। पश्चिमी एशिया के ये हित्ती, मितन्नी आदि शासक आर्यभाषी थे, यानी भारतीय आर्यों के कुछ दूर के भाई-बंद थे।

विद्वानों का अनुमान है कि आज से करीब साढ़े तीन हजार साल पहले लोहे की खोज कॉस्पियन सागर के पास के पहाड़ी प्रदेश में रहनेवाले लोगों ने

की थी। चूँकि आर्य लोग मूलतः उसी प्रदेश के आसपास रहते थे, इसलिए आरंभ में संभवतः उन्हीं के माध्यम से उस समय के सभ्य संसार को इस महान आविष्कार के बारे में जानकारी मिली। किंतु आरंभ में लोहे को आसानी से प्राप्त करना संभव नहीं था।

आर्यभाषियों की सफलता का एक और प्रमुख कारण था—घोड़े का इस्तेमाल। सिंधु सभ्यता में घोड़े का व्यापक उपयोग नहीं होता था। प्राचीन मिस्र और मेसोपोटामिया के लोग भी पालतू घोड़े से परिचित नहीं थे। दूसरी ओर, ये घुमंतू आर्य पालतू घोड़ों पर सवार होते थे और उन्हें रथ में जोतना भी जानते थे।

इस प्रकार, ज्ञान-विज्ञान की अन्य बातों में काफी पिछड़े होने पर भी ये आर्यभाषी लोग उस समय की विकसित सभ्यताओं से दो बातों में श्रेष्ठ (आर्य) थे। वे एक कठोर धातु **(लोहे)** के औजारों से परिचित थे और एक तीव्रगामी वाहन **(घोड़े)** का कुशलता से इस्तेमाल कर सकते थे। लोहे के औजारों ने मानव के हाथों को अधिक शक्तिशाली बनाया और उत्पादन को कई गुना बढ़ाया। घोड़े के वाहन ने मानव-जीवन को द्रुतगामी बनाया। इस दृष्टि से उस जमाने के इन आविष्कारों का वही महत्त्व है जो कि हमारे समय में परमाणु-शक्ति और रेलगाड़ी या जहाज या हवाई-जहाज का है।

इस बुनियादी जानकारी की पृष्ठभूमि में अब हम भारत में पहुँचे हुए आर्यभाषी लोगों के वैज्ञानिक विकास पर विचार करेंगे। यहाँ हमें यह स्मरण रखना चाहिए कि आर्यों के आगमन के पहले भारत में एक विकसित नागरी सभ्यता—सिंधु सभ्यता—का अस्तित्व था। मेल-जोल तथा आदान-प्रदान से ही नई वैदिक संस्कृति तथा ज्ञान-विज्ञान का विकास हुआ है।

उस जमाने के जन-जीवन और ज्ञान-विज्ञान के बारे में अधिकांश जानकारी हमें ग्रंथों से ही मिलती है। इनमें सबसे पुराने हैं **वेद**। वेद चार हैं : ऋग्वेद, यजुर्वेद, सामवेद और अथर्ववेद। इनमें ऋग्वेद सबसे प्राचीन है। आर्यभाषी पुरोहित-कवियों (ऋषियों) ने अपने देवताओं की स्तुति में समय-समय पर जिन गीतों (ऋचाओं) की रचना की थी, उन्हीं का संग्रह करने से ये वेद बने हैं। इनकी रचना 1200 ई. पू. के आसपास हुई।

वेदों के बाद ब्राह्मण-ग्रंथ, आरण्यक, वेदांग-सूत्र तथा उपनिषदों की रचना हुई। लगभग आठ सौ साल के दीर्घकाल में लिखे गए इस सारे साहित्य को **वैदिक साहित्य** का नाम दिया जाता है। सामान्यतः हम कह सकते हैं कि यह वैदिक साहित्य 1200 ई. पू. से 500 ई. पू. के बीच रचा गया।

यह सारा साहित्य गुरु-शिष्य परंपरा में लंबे समय तक सुरक्षित रहा। यह आज भी लगभग अपने मूल रूप में उपलब्ध है। इसी साहित्य से हमें

उस समय के ज्ञान-विज्ञान के बारे में जानकारी मिलती है।

भारत में पहुँचे हुए आर्यभाषी लोगों को **लिपि** का ज्ञान नहीं था। ये आर्यभाषी लोग जहाँ भी गए, वहाँ की लिपि के आधार पर इन्होंने अपनी भाषा के लिए नई लिपि का निर्माण किया। कबीलाई जीवन के लिए लिपि की जरूरत नहीं होती। कबीलाई व्यवस्था के लोग जब राजसत्ता के युग में पहुँचते हैं तभी उन्हें संपत्ति का हिसाब रखने के लिए तथा राजाज्ञाएँ जारी करने के लिए लिपि की जरूरत पड़ती है।

यूनान में पहुँचे हुए आर्यभाषियों ने सर्वप्रथम 1400 ई. पू. के आसपास क्रीट द्वीप की पुरानी लिपि के अक्षरों से अपनी भाषा के लिए एक लिपि बना ली थी। फिर, 1000 ई. पू. के आसपास उन्होंने फिनिशियन लिपि के आधार पर एक वर्णमाला तैयार कर ली। पश्चिमी एशिया में पहुँचे हुए आर्यभाषी शासकों ने भी मेसोपोटामिया की कीलाक्षर लिपि को अपना लिया था।

ईरान में पहुँचे हुए भारतीय आर्यों के भाई-बंदों ने कीलाक्षर लिपि के आधार पर अपनी भाषा के लिए एक लिपि का निर्माण कर लिया था। ईसा पूर्व छठी सदी से इस लिपि में ईरान के हखामनी सम्राटों के लेख मिलने लग जाते हैं।

आर्यभाषियों के आगमन के पहले भारत में सिंधु सभ्यता की लिपि का अस्तित्व था ही। आर्यभाषी लोग जब कबीलाई प्रथा से राजप्रथा में पहुँचे, तब उन्होंने लिपि का निर्माण कर लिया होगा। यह बात ईसा के आठ-नौ सौ साल पहले हुई होगी। पर आज हमें उस समय का कोई लेख नहीं मिलता। पहली बार ईसा पूर्व तीसरी सदी में हमें अशोक के अभिलेख मिलते हैं। इस विकसित लिपि को आज हम **ब्राह्मी लिपि** के नाम से जानते हैं। बहुत संभव है कि अशोक के पाँच-छः सौ साल पहले ही सिंधु लिपि के आधार पर ब्राह्मी लिपि का निर्माण हो चुका था।

कबीलाई प्रथा के लोगों को अपने पशुधन आदि का हिसाब रखना पड़ता है। इसलिए उन्हें सरल-से **अंक-संकेतों** का ज्ञान अवश्य रहा होगा।

अब हम इस वैदिक काल के विज्ञान के विविध अंगों पर विचार करेंगे।

गणित

वेद विज्ञान के ग्रंथ नहीं हैं, इसलिए उनमें आधुनिक उच्च गणित के फार्मूले या एटम-बम बनाने के सूत्र खोजना निरर्थक है। हमारे दोनों हाथों की उँगलियाँ दस हैं और आरंभ में इन्हीं उँगलियों की सहायता से गणना होती

थी, इसलिए प्राय: सभी प्राचीन सभ्यताओं में गणना का आधार दस रहा है। हमारे देश में वैदिक काल से ही गणना का आधार दस रहा है।

वैदिक लोगों का किसी परलोक में विश्वास नहीं था। वे इसी लोक को सुखी बनाना चाहते थे। इसलिए वे अपने देवताओं से याचना करते थे कि हमें अमुक मिले, हमें इतनी गायें मिलें इत्यादि। इसी संदर्भ में ऋग्वेद में कुछ छोटी-बड़ी संख्याओं के उल्लेख मिलते हैं।

ऋग्वेद में दश, शत, सहस्र तथा अयुत (10,000) जैसी दशगुणोत्तर संज्ञाएँ देखने को मिलती हैं। ऋग्वेद में मिलनेवाली दशगुणोत्तर गणना की सबसे बड़ी इकाई **अयुत** है। वैसे, ऋग्वेद में मिलनेवाली सबसे बड़ी संख्या है 60,099 (षष्टि सहस्रा नवति नव)।

शून्य सहित केवल दस अंक-संकेतों पर आधारित आधुनिक अंक-पद्धति की खोज भारत में ही हुई है, पर काफी बाद में। सम्राट अशोक और गुप्त सम्राटों के लेखों में भी हमें इस दाशमिक अंक-पद्धति के दर्शन नहीं होते। ऋग्वेद में 'शून्य' शब्द के कहीं दर्शन नहीं होते।

यजुर्वेद और अथर्ववेद की रचना ऋग्वेद के कुछ बाद हुई। इसलिए इनमें हमें कुछ बड़ी संख्या-संज्ञाओं के दर्शन होते हैं। यजुर्वेद में दशगुणोत्तर संज्ञाओं की सूची को परार्ध (10,00,00,00,00,000)तक पहुँचा दिया गया है। यजुर्वेद में ही एक स्थान पर संख्या-संज्ञाओं को कुछ इस प्रकार दोहराया गया है कि मानो 4 का बारह तक (4 × 12) पहाड़ा सुनाया गया है।

आगे बदलती आर्थिक, सामाजिक एवं राजनीतिक परिस्थितियों के प्रभाव में इस गणना-पद्धति का विकास होना एक स्वाभाविक बात थी। इसलिए ब्राह्मण और सूत्र-ग्रंथों में हमें संख्याओं के अधिकाधिक उल्लेख मिलते हैं।

भाषा निरंतर बदलती रहती है। ब्राह्मण-पुरोहितों के लिए जरूरी था कि वे गुरु-शिष्य परंपरा में वेदों का अध्ययन जारी रखें। लेकिन 600 ई. पू. के आसपास पहुँचते-पहुँचते वेदों की भाषा काफी पुरानी पड़ गई। इसलिए वेदाध्ययन को दृष्टि में रखकर कई विषयों पर ग्रंथ रचे गए। इन्हें **वेदांग** अर्थात् वेदों के अंग कहते हैं। वेदांग साहित्य सूत्र रूप में है। ये ग्रंथ इनके रचयिताओं के नामों से जाने जाते हैं।

वेदांग 6 हैं—शिक्षा, कल्प, निरुक्त, छंद, ज्योतिष और व्याकरण। इनमें **कल्पसूत्र** तीन प्रकार के हैं—श्रौतसूत्र, धर्मसूत्र और गृह्यसूत्र। **श्रौतसूत्रों** में यज्ञकर्म की विधियों के बारे में सूक्ष्म जानकारी दी गई है। यज्ञों के लिए वेदियाँ बनती थीं। खास यज्ञ के लिए खास आकार-प्रकार की वेदियाँ बनती थीं। यज्ञ के सुफल के लिए इन वेदियों के आकार-प्रकार तथा

क्षेत्रफल नियमानुसार बनने जरूरी थे। इसलिए वेदियों के निर्माण की विधियों के बारे में भी सूत्र रचे गए। ये सूत्र परिशिष्टों के रूप में श्रौतसूत्रों के अंत में दिए गए हैं। इन्हीं को **शुल्वसूत्र** कहते हैं।

शुल्व का अर्थ है रस्सी या रस्सी से मापना। उस समय अनेक शुल्वसूत्रों की रचना हुई होगी। लेकिन इस समय केवल सात शुल्वसूत्र ही मिलते हैं। बौधायन, आपस्तंब, कात्यायन आदि ने इनकी रचना की है, इसलिए ये सूत्रग्रंथ **बौधायन शुल्वसूत्र, आपस्तंब शुल्वसूत्र, कात्यायन शुल्वसूत्र** आदि नामों से जाने जाते हैं।

इन शुल्वसूत्रों में मापन के बारे में अनेक नियम दिए गए हैं, इसलिए इनमें हम उस जमाने के रेखागणित-ज्ञान के दर्शन करते हैं। कई बार एक आकार की वेदी को दूसरे आकार की वेदी में बदलना होता था, लेकिन दोनों के क्षेत्रफल को समान रखना होता था। शुल्वसूत्रों में इन सबके बारे में नियम दिए गए हैं।

स्कूल के विद्यार्थी रेखागणित के **पाइथेगोर के प्रमेय** से परिचित होंगे। इस प्रमेय के अनुसार, समकोण त्रिभुज के कर्ण पर आधारित वर्ग उस त्रिभुज की शेष दो भुजाओं पर आधारित वर्गों के जोड़ के बराबर होता है। यूनान के महान गणितज्ञ **यूक्लिड** (लगभग 300 ई. पूर्व) की ज्यामिति में यह प्रमेय दिया हुआ है। **पाइथेगोर** ईसा पूर्व छठी सदी में हुए।

पाइथेगोर के नाम से प्रसिद्ध यह प्रमेय शुल्वसूत्रों में भी मिलता है। बौधायन शुल्वसूत्र में इसके लिए सूत्र है: **दीर्घचतुरश्रस्याक्ष्णयारज्जुः पार्श्वमानी तिर्य्यङ्मानी च यत्पृथग्भूते कुरुतस्तदुभयं करोति।** यह सूत्र अन्य शुल्वसूत्रों में भी मिलता है। इसका भावार्थ वही है जो कि पाइथेगोर के प्रमेय का है।

जानकारी मिलती है कि पाइथेगोर ने मिस्र तथा पश्चिम एशिया के देशों की यात्रा की थी। केवल इसीलिए, शुल्वसूत्रों को अधिक प्राचीन घोषित करके, हम यह नहीं कह सकते कि पाइथेगोर को इस प्रमेय की जानकारी भारत से मिली है। इस प्रमेय को खोजने का श्रेय केवल भारत और यूनान को ही नहीं है। इस बात के ठोस सबूत मिलते हैं कि प्राचीन बेबीलोन तथा चीन के गणितज्ञों को भी इस प्रमेय की जानकारी थी। इस बात की काफी अधिक संभावना है कि शुल्वसूत्रों का रेखागणित-ज्ञान सिंधु सभ्यता की उपलब्धियों पर आधारित रहा हो।

पाइथेगोर का प्रमेय प्राथमिक रेखागणित का एक अद्भुत एवं उपयोगी प्रमेय है। इस प्रमेय के अनुसार, समकोण त्रिभुज के कर्ण की लंबाई यदि **क** हो और शेष दो भुजाओं की लंबाई क्रमशः **अ** तथा **ब** हो, तो तीनों भुजाओं के परस्पर संबंध के बारे में हमें सूत्र मिलता है: $क^2 = अ^2 + ब^2$। इस सूत्र की

सहायता से समकोण त्रिभुज की दो भुजाएँ ज्ञात होने पर हम तीसरी भुजा मालूम कर सकते हैं। जैसे, यदि **अ** = 3 तथा **ब** = 4, तो **क** = 5।

शुल्वसूत्रों में इस प्रकार के अनेक संबंध-सूत्र दिए गए हैं। उदाहरणार्थ,

$$9^2 + 12^2 = 15^2,$$
$$8^2 + 15^2 = 17^2,$$
$$15^2 + 36^2 = 39^2$$ इत्यादि।

अब एक ऐसे समकोण त्रिभुज पर विचार कीजिए जिसकी दो छोटी भुजाएँ एक-एक इकाई लंबाई की हैं और कर्ण की लंबाई मालूम करनी है। तब $क^2 = 1^2 + 1^2$, जहाँ **क** उस त्रिभुज के कर्ण की लंबाई है।

या, $क^2 = 2$,

या, $क = \sqrt{2}$ (2 का वर्गमूल)।

अर्थात्, उस त्रिभुज के कर्ण की लंबाई होगी $\sqrt{2}$। लेकिन यह संख्या क्या है? यह एक पूर्णांक संख्या नहीं है। यह एक भिन्न भी नहीं है। दरअसल, यह एक ऐसी संख्या है, जिसे हम अन्य प्रकार से ठीक-ठीक व्यक्त कर ही नहीं सकते। अन्य शब्दों में, $\sqrt{2}$ एक ऐसी लंबाई है, जिसे हम स्केल से ठीक-ठीक माप नहीं सकते। ऐसी संख्याओं को हम **अपरिमेय संख्याएँ** कहते हैं। ऐसी एक-दो नहीं, अनंत संख्याएँ हैं।

आरंभ में **पाइथेगोर** का मत था कि यह विश्व संख्यामय है, अर्थात् विश्व की हर वस्तु को ठीक-ठीक मापा जा सकता है, यानी इन्हें संख्याओं में व्यक्त किया जा सकता है। लेकिन बाद में उन्हें या उनके किसी शिष्य को पता चला कि $\sqrt{2}$ जैसी अनेक लंबाइयाँ हैं, जिन्हें ठीक-ठीक मापा नहीं जा सकता। कहते हैं कि पाइथेगोर के शिष्यों ने इस खोज को कई साल तक गुप्त रखा था।

शुल्वसूत्रकारों ने भी जान लिया था कि $\sqrt{2}$ जैसी संख्याएँ अपरिमेय हैं। इसलिए उन्होंने ऐसी संख्याओं के सन्निकट मान मालूम करने के लिए सूत्र दिए हैं। उदाहरणार्थ, शुल्वसूत्रों में 2 को 'द्वि-करणी' कहा गया है और इसके मान के लिए जो सूत्र दिया गया है, उसके अनुसार,

$$\sqrt{2} = 1 + \frac{1}{3} + \frac{1}{3.4} - \frac{1}{3.4.34}$$

$$= 1.4142156\cdots$$

आधुनिक गणना के अनुसार $\sqrt{2}$ का मान होगा $1.414213\cdots$।

शुल्वसूत्रों में आकृतियों की रचना और उनके आयतन तथा क्षेत्रफल मालूम करने के अनेक नियम दिए गए हैं। फिर भी शुल्वसूत्रों की तुलना हम यूक्लिड के ज्यामिति के ग्रंथ के साथ नहीं कर सकते। दोनों में बड़ा अंतर

है। शुल्वसूत्रों में नियम तो दिए गए हैं, किंतु तार्किक विधियों से इन नियमों को किस प्रकार प्राप्त किया जाता है, इसका कोई जिक्र नहीं है। शुल्वसूत्रों का रेखागणित-ज्ञान उस समय के धर्म-कर्म (यज्ञकर्म) का अभिन्न अंग था।

दूसरी ओर, यूक्लिड की ज्यामिति के 'मूलतत्त्व' पूर्णतः तार्किक ढाँचे पर आधारित हैं। यूक्लिड ने अपने समय (300 ई. पूर्व) तक ज्ञात सारे ज्यामितीय ज्ञान को धार्मिक रहस्यवाद से जुदा करके तर्कशास्त्र की नींव पर खड़ा किया। यूक्लिड की विज्ञान को यही सबसे बड़ी देन है। अपनी इसी विशेषता के कारण यूक्लिड की ज्यामिति आज भी लगभग अपने मूल ढाँचे में संसार के सभी स्कूलों में पढ़ाई जाती है। यूक्लिड के ग्रंथ को न केवल रेखागणित का बल्कि तर्कशास्त्र का भी ग्रंथ मानना चाहिए। तर्कशास्त्र और गणित का चोली-दामन का संबंध है।

विज्ञान के इतिहास में शुल्वसूत्रों का महत्त्व है। इनकी रचना यूक्लिड के कुछ पहले हो चुकी थी। लेकिन भारत में यूक्लिड की तरह ऐसा कोई विद्वान नहीं हुआ जो इन शुल्वसूत्रों के रेखागणित-ज्ञान को तार्किक नियमों में बाँधकर इन्हें शुद्ध **शुल्व-विज्ञान** का रूप दे सके।

यूक्लिड की ज्यामिति की पुस्तक किसी धर्म विशेष की पोथी नहीं थी, इसलिए यह सबके लिए सुलभ थी। बाद में इस ग्रंथ का संसार की लगभग सभी प्रमुख भाषाओं में अनुवाद हुआ। विपरीत, शुल्वसूत्रों का ज्ञान ब्राह्मणों-पुरोहितों की गुरु-शिष्य परंपरा में ही सीमित रहा। इसलिए हमारे देश में रेखागणित का तेजी से विकास न हो सका। बहुत बाद में जाकर ही भारतीय गणित अपने को धर्म-कर्म से जुदा कर पाया।

ज्योतिष

आज के खगोलविद् प्राप्त जानकारी के आधार पर विश्व की रचना एवं उत्पत्ति के बारे में परिकल्पनाएँ प्रस्तुत करते हैं। पुराने जमाने के पंडित-पुरोहितों ने भी विश्व की रचना तथा उत्पत्ति के बारे में तरह-तरह की कल्पनाएँ की थीं।

ऋग्वेद के कवियों ने विश्व को दो प्रमुख भागों में बाँटा था—द्युलोक और पृथ्वी (द्यावापृथिवी)। कहीं-कहीं द्युलोक और पृथ्वी के बीच में अंतरिक्ष की स्थापना करके तीन लोकों की कल्पना की गई है। परंतु वेदों में कहीं पर भी स्वर्ग, मृत्यु (पृथ्वी) तथा पाताल (नरक) का जिक्र नहीं है। यह बाद की कल्पना है।

ऋग्वेद के कई कवियों के मतानुसार विश्वोत्पत्ति के पहले कुछ नहीं था। फिर दिशाएँ, देवता, वायु, जल, पृथ्वी आदि की उत्पत्ति हुई। कुछ

कवियों ने विश्व की उत्पत्ति कुछ भिन्न क्रम से भी बतलाई है। लेकिन कुछ कवि स्पष्ट शब्दों में कहते हैं कि विश्वोत्पत्ति के कारण को कोई नहीं जानता। वे चुनौती देते हुए कहते हैं:यदि कोई जानता है तो यहाँ आकर बताए (इह ब्रवीतु य उ तच्चिकेतत्)। आगे तैत्तिरीय-ब्राह्मण में कहा गया है कि देवता भी बाद में हुए, फिर कौन जानता है कि यह सृष्टि किससे उत्पन्न हुई?

आरंभ में प्राय: सभी प्राचीन सभ्यताओं में चंद्र की घटती-बढ़ती कलाओं के आधार पर काल-गणना की गई है। ऋग्वेद में चंद्र के लिए 'मास' शब्द का प्रयोग हुआ है। ऋग्वेद में 'वर्ष' शब्द नहीं मिलता, लेकिन वर्ष के अर्थ में संवत्सर, हेमंत, शरद आदि शब्दों का प्रयोग हुआ है। वेदों में **युग** शब्द आया है, जो बाद में पाँच साल के बराबर माना गया। वेदों में कृत, त्रेता, द्वापर और कलि युगों का कोई उल्लेख नहीं है। वेदों में कृत, त्रेता आदि शब्द हैं, पर ये कालवाचक नहीं हैं। ऋग्वैदिक लोगों को जुआ खेलने का बड़ा शौक था। जुए में कभी-कभी वे अपनी पत्नी को भी हार जाते थे। जुए के पासे के संदर्भ में ही ऋग्वेद में इन कृत, त्रेता आदि शब्दों का प्रयोग हुआ है।

वेदों में एक दिन-रात (अहोरात्र) का द्योतक 'तिथि' शब्द नहीं है। उनमें सप्ताह के वर्तमान सात वारों का भी उल्लेख नहीं है। आगे अनेक सदियों तक भारतीय साहित्य में हमें इन सात वारों के नाम नहीं मिलते। न केवल वैदिक वाङ्मय में, बल्कि स्मृतियों और महाभारत में भी सात वारों के नाम नहीं मिलते। पहली बार 484 ई. के एक लेख में हमें इन सात वारों के नाम देखने को मिलते हैं।

वेदों की काल-गणना के अनुसार, एक संवत्सर में 360 दिन और 12 मास होते थे। ब्राह्मण-ग्रंथों के अनुसार, एक अहोरात्र में 30 मुहूर्त होते थे। इस प्रकार एक मुहूर्त 48 मिनट के बराबर होता था और एक वर्ष में 10,800 मुहूर्त होते थे। शतपथ-ब्राह्मण में दी गई आगे की सूक्ष्म काल-गणना इस प्रकार है:

1 मुहूर्त	= 15 क्षिप्र
1 क्षिप्र	= 15 एतर्हि
1 एतर्हि	= 15 इदानि
1 इदानि	= 15 प्राण
1 प्राण	= 15 निमेष (पलक)

इस काल-गणना के अनुसार, एक मुहूर्त (48 मिनटों या 2880 सेकंडों) में 7,59,375 निमेष होंगे। इस प्रकार, एक सेकंड में करीब 263 निमेष होते हैं। समझ में नहीं आता कि एक सेकंड में 263 बार पलकें झपकना कैसे

संभव था और इस 'सूक्ष्म' काल-गणना की क्या उपयोगिता थी ! आज के वैज्ञानिक एक सेकंड के अरबवें-खरबें हिस्से का हिसाब रखने में समर्थ हैं। परमाणु के भीतर 'रेजोनेंस' नामक जो नए परमाणु-कण खोजे गए हैं, वे एक सेकंड के अरबवें-खरबवें हिस्से में अपनी जीवन-लीला समाप्त कर देते हैं। अब एक सेकंड में हजारों चित्र उतारना भी संभव है।

वैदिक आर्यों को सूर्य की गति का अच्छा ज्ञान था। उन्होंने बारह सूर्यों (द्वादशादित्य) की कल्पना की थी। हर महीने सूर्योदय की स्थिति में अंतर पड़ता है, इसीलिए उन्होंने 12 सूर्यों की कल्पना की होगी। इसी प्रकार से उन्हें दक्षिणायन और उत्तरायण का भी ज्ञान हो गया था।

वैदिक आर्य समझ गए थे कि सूर्य के कारण ही पृथ्वी तथा इसका जीव-जगत टिका हुआ है। वे यह भी जानते थे कि सूर्य की गतियों से वर्षमान तथा ऋतुओं का समय निर्धारित होता है। पर उन्हें चंद्र, सूर्य तथा नक्षत्रों की सही दूरियों का ज्ञान नहीं था। तैत्तिरीय-संहिता में एक स्थान पर कहा गया है कि चंद्रमा सूर्य के ऊपर है। दरअसल, आकाश के पिंडों की सही दूरियों के बारे में ठोस जानकारी हमें पिछले दो साल में ही मिली है।

वैदिक आर्य जानते थे। चंद्रमा सूर्य के प्रकाश से चमकता है। वेदों में कई स्थानों पर उल्लेख है कि सूर्य के रथ में सात घोड़े जुते हुए हैं। ये सात घोड़े संभवतः सात रंगों के द्योतक हैं। इंद्रधनुष के सात रंगों के आधार पर उन्होंने सूर्य के सात घोड़ों या रंगों की कल्पना की होगी।

ऋग्वेद में जितने देवताओं का उल्लेख है उनमें सूर्य से संबंधित देवी-देवताओं की संख्या सबसे अधिक है। भारतीय आर्यों का विश्वास था कि सूर्य देवता घोड़े जुते हुए रथ पर आरूढ़ होकर आकाश की यात्रा करते हैं। उधर यूनानियों ने भी आकाशगामी रथारूढ़ सूर्य की कल्पना की थी। इस समानता का कारण स्पष्ट है। मूल आर्यभाषियों ने ही रथ की खोज की थी और घोड़ा उनका मुख्य वाहन था।

ऋग्वेद में 27 नक्षत्रों तथा 12 राशियों के बारे में कोई जानकारी नहीं मिलती। लेकिन वैदिक आर्यों को आकाश के कुछ प्रमुख नक्षत्रों (तारों) का अच्छा ज्ञान था। ऋग्वेद में 'ग्रह' शब्द नहीं मिलता। शतपथ-ब्राह्मण में पहली बार सूर्य को ग्रह कहा गया है। लेकिन ऋग्वैदिक आर्यों ने मंगल, शुक्र, शनि तथा बृहस्पति को अवश्य पहचान लिया था। चूँकि राहु और केतु दरअसल ग्रह नहीं हैं, इसलिए ऋग्वेद में इनका कोई उल्लेख नहीं है। लेकिन वैदिक आर्य ग्रहण, उल्कापात तथा धूमकेतुओं की घटनाओं से परिचित थे।

जानकारी मिलती है कि उस जमाने के कुछ लोग आकाश की घटनाओं के विशेषज्ञ थे। वैदिक साहित्य में **गणक, नक्षत्रदर्श, दैवज्ञ** आदि शब्द

मिलते हैं। अतः लगता है कि फलित-ज्योतिष का धंधा शुरू हो गया था। लेकिन यह भी जानकारी मिलती है कि पुरुषमेध यज्ञ में ज्योतिषियों की भी बलि चढ़ाई जाती थी।

वेदांग साहित्य की जानकारी हम दे चुके हैं। छः वेदांगों में ज्योतिष भी एक है। **वेदांग-ज्योतिष** पुस्तक आज भी मिलती है। **महात्मा लगध** इस वेदांग-ज्योतिष के रचयिता माने जाते हैं। वेदांग-ज्योतिष के लगभग 50 श्लोक मिलते हैं। कई श्लोकों का अर्थ स्पष्ट नहीं है। यज्ञकर्म के लिए सही समय का बड़ा महत्त्व था, इसलिए काल-गणना के उद्देश्य से वेदांग-ज्योतिष की रचना हुई थी।

वेदांग-ज्योतिष में पहली बार हमें आरंभिक गणित-ज्योतिष के दर्शन होते हैं। वेदांग-ज्योतिष के ही एक श्लोक के अनुसार, उस जमाने में गणित-ज्योतिष को वेदांगों में सबसे ऊँचा स्थान प्राप्त था। वेदांग-ज्योतिष में काल-गणना की गणितीय विधियाँ दी गई हैं।

वेदांग-ज्योतिष में साल के लिए संवत्सर, वर्ष तथा अब्द शब्दों का प्रयोग हुआ है और एक युग पाँच वर्षों का माना गया है। एक सौर वर्ष में 366 दिन माने गए हैं। इस प्रकार एक युग में 1830 सावन दिन होते हैं।

वेदांग-ज्योतिष में हमें 27 नक्षत्रों के तथा इनसे संबंधित देवताओं के नाम मिलते हैं और चंद्र की गति का इन नक्षत्रों के साथ संबंध जोड़ा गया है। इस प्रकार चांद्र-पंचांग को सौर-पंचांग के साथ जोड़ा गया। लेकिन वेदांग-ज्योतिष में 12 राशियों का कोई उल्लेख नहीं है।

भारतीय साहित्य में वेदांग-ज्योतिष इस विषय का पहला स्वतंत्र ग्रंथ है। इसके बाद रचे गए ग्रंथों में, जैसे महाभारत और स्मृतिग्रंथों में, ज्योतिषीय घटनाओं के बारे में यत्र-तत्र थोड़ी-बहुत जानकारी मिल जाती है। इनके बाद ज्योतिष के कुछ सिद्धांत-ग्रंथों की रचना हुई थी। जैसे, सूर्य-सिद्धांत, पितामह-सिद्धांत आदि। लेकिन ये ग्रंथ आज नहीं मिलते। छठी सदी के महान ज्योतिषी **वराहमिहिर** ने अपने 'पंचसिद्धांतिका' ग्रंथ में इन पुराने ज्योतिष-सिद्धांतों के बारे में जानकारी दी है, जिसकी चर्चा हम आगे करेंगे।

वेदांग-ज्योतिष और शुल्वसूत्रों के बाद लंबे समय तक हमें ज्योतिष तथा गणित के बारे में कोई स्वतंत्र ग्रंथ नहीं मिलता। फिर 499 ई. में लिखी गई **आर्यभट** की **आर्यभटीय** पुस्तक मिलती है, जो गणित-ज्योतिष की एक वैज्ञानिक पुस्तक है। ठोस जानकारी न मिलने पर भी हम जानते हैं कि वेदांग-साहित्य और आर्यभट के बीच के काल में ज्योतिष तथा गणित का काफी विकास हुआ। इस काल में कई ज्यातिष-सिद्धांत लिखे गए। भारतीय ज्योतिषियों को यूनानी ज्योतिष की जानकारी मिली। इसी काल में

शून्य पर आधारित स्थानमान अंक-पद्धति का आविष्कार हुआ। यह सब जानकारी हम आगे देंगे।

चिकित्सा

आर्यों के चिकित्सा-ज्ञान के बारे में ऋग्वेद और अथर्ववेद में हमें थोड़ी-बहुत जानकारी मिलती है। कहते हैं कि ऋग्वेद की रचना सबसे पहले और अथर्ववेद की सबसे बाद में हुई। ऋग्वेद की रचना उस समय हुई जब आर्यभाषी लोग भारत के मूल निवासियों के साथ अभी पूरी तरह घुल-मिल नहीं गए थे। लेकिन अथर्ववेद की रचना के समय तक आर्यों का और यहाँ के मूल निवासियों का काफी मिश्रण हो चुका था। इसीलिए अथर्ववेद में हमें उस जमाने की चिकित्सा-पद्धति के बारे में अधिक जानकारी मिलती है।

वैद्य का पेशा बहुत पुराना है। ऋग्वेद में **भेषज** शब्द मिलता है। वरुण, रुद्र तथा अश्विनी कुमारों को भिषक् (वैद्य) कहा गया है। वेदों में अश्विनी कुमारों के चमत्कारों के अनेक उल्लेख मिलते हैं। जैसे, उन्होंने दधीच ऋषि के सिर को हटाकर उसके स्थान पर घोड़े का सिर जोड़ दिया और फिर पहला सिर पूर्ववत जोड़ दिया, विश्पला की कटी हुई टाँग के स्थान पर धातु की टाँग जोड़ दी, बूढ़े च्यवन ऋषि को जवान बना दिया, इत्यादि। अश्विनी कुमार देवताओं के वैद्य माने गए हैं, इसलिए उनके बारे में यह चमत्कारिक वर्णन स्वाभाविक है।

दरअसल, उस समय की चिकित्सा-पद्धति अभी ओझाई की अवस्था में ही थी। उस समय के वैद्यों को गुणकारी जड़ी-बूटियों का अच्छा ज्ञान रहा होगा, परंतु जादू-टोने को ही अधिक महत्त्व दिया जाता था[1]। वैद्य का पेशा मुख्यतः पुरोहित (अथर्वन्) के हाथ में था, इसीलिए अथर्ववेद में चिकित्सा के बारे में अधिक जानकारी मिलती है।

वेदों में अनेक रोगों के उल्लेख हैं। जैसे, तक्मन् (ज्वर), आस्राव (दस्त), यक्ष्मा (तपेदिक), जलोदर, क्षेत्रिय (आनुवंशिक रोग), कोढ़, इत्यादि। ये रोग आम जनता को तो होते ही थे, ऋषियों और उनके देवताओं को भी होते थे। जानकारी मिलती है कि ब्रह्मा स्राविव्रण (नासूर) से, वरुण जलोदर से और चंद्रमा राजयक्ष्मा (तपेदिक) से पीड़ित थे!

अथर्ववेद में पिशाच, राक्षस आदि को रोगों का जनक माना गया है। इसलिए रोग-निवारण के लिए औषधियों की अपेक्षा झाड़-फूँक को अधिक महत्त्व दिया गया है। लेकिन वैदिक पुरोहित-वैद्यों को गुणकारी वनस्पति का अच्छा ज्ञान था। अथर्ववेद में **धमनी** और **सिरा** शब्द भी आए हैं। यज्ञों में पशुओं की बलि दी जाती थी, इसलिए उन्हें शरीर के भीतरी अवयवों का भी कुछ ज्ञान था।

जिस प्रकार गणित-ज्योतिष का विकास वेदांग-ज्योतिष के समय से शुरू हुआ, उसी प्रकार आयुर्वेद का स्वतंत्र विकास कुछ समय बाद हुआ। आयुर्वेद के बहुमुखी विकास की जानकारी हमें **चरक-संहिता** तथा **सुश्रुत-संहिता** ग्रंथों में मिलती है। इन ग्रंथों में आयुर्वेद के ज्ञान का संकलन काफी बाद में हुआ। इनकी जानकारी हम एक स्वतंत्र प्रकरण में आगे देंगे।

धातुकर्म तथा तकनीक

हमने पहले बताया है कि आर्यभाषियों को लोहे का ज्ञान था। आर्यभाषियों से हमारा मतलब पश्चिमी एशिया के उन लोगों से भी है जो भारतीय आर्यभाषा से मिलती-जुलती भाषा बोलते थे। पश्चिमी एशिया के हित्ती शासक ईसा पूर्व चौदहवीं **सदी** में लोहे के औजारों से परिचित थे।

ऋग्वेद में तीन धातुओं के बारे में जानकरी मिलती है: हिरण्य (सोना)रजत (चांदी) और **अयस्**। **अयस्** के अर्थ के बारे में विद्वानों में काफी मतभेद है। अयस् शब्द के तीन अर्थ लगाए गए हैं : ताँबा, लोहा और धातु।

हम बता चुके हैं कि सिंधु सभ्यता के लोग ताँबे और पत्थर के औजारों का इस्तेमाल करते थे, उन्हें लोहे का ज्ञान नहीं था। सिंधु सभ्यता के ताँबे के हथियार भी मिले हैं। ईसा पूर्व करीब एक हजार साल पहले के भी ताँबे के औजार जमीन के अंदर से मिले हैं, किंतु उतने पुराने लोहे के औजार भारत से अभी नहीं मिले हैं। भारत में कुछ स्थानों से मिले हुए लोहे के औजार अधिक-से-अधिक ईसा पूर्व सातवीं शताब्दी के हैं। इसलिए कुछ विद्वानों का मत है कि भारत के आर्यभाषी लोग लोहे के औजार बनाना नहीं जानते थे और **अयस्** शब्द का अर्थ **लोहा** नहीं हो सकता।

लेकिन वेदों की गहराई से छानबीन करने पर स्पष्ट होता है कि अयस् कोई कठोर धातु होनी चाहिए ? इस अयस् धातु से वे असि, क्षुर, परशु आदि तेज धारवाले औजार बनाते थे। इस धातु के औजार बनानेवाले को ऋग्वेद में **कर्मकार** या **कर्मार** कहा गया है।

जानकारी मिलती है कि आर्य लोग यज्ञों में जिन पशुओं की बलि देते थे उनके सिर किसी कठोर हथियार से एक ही झटके में धड़ से अलग कर देते थे। उस समय के घने जंगलों को भी कठोर धातु के औजारों के बिना साफ करना संभव नहीं था। अतः सब बातों पर विचार करने से यही लगता है कि अयस् का अर्थ **लोहा** ही है। आरंभ में लोहे को बड़ी कठिनाई से ही प्राप्त किया जाता होगा।

इस **अयस्** शब्द के बारे में भले ही वाद-विवाद हो, लेकिन बाद के वैदिक साहित्य में लोहे के बारे में स्पष्ट जानकारी मिलती है। बाद में दो

प्रकार के अयस् के बारे में जानकारी मिलती है : **लोहितायस्** या **लोहायस्** और **कृष्णायस्** । यहाँ **लोहितायस्** शब्द का अर्थ है ताँबा, क्योंकि 'लोहित' का अर्थ होता है : ताँबे के रंग-जैसा । **कृष्णायस्** का अर्थ है काली धातु, अर्थात् लोहा । लेकिन हमारा आज का 'लोहा' शब्द 'लोहित' से ही बना है ।

संक्षेप में, सब बातों पर विचार करने से स्पष्ट होता है कि नवागत आर्य लोग लोहे के औजारों से परिचित थे । वैदिक काल के साथ भारत में **लौहयुग** की शुरुआत होती है । आरंभ में आर्यों का निवास सप्तसिंधु के प्रदेश (पंजाब) में था । बाद में लोहे की कच्ची धातु की तलाश में आर्यों की कई टोलियों ने पहले मिर्जापुर की पहाड़ियों तक और बाद में राजगृह (बिहार) तक दौड़ लगाई थी । उस समय गंगा-यमुना के दोआब में घने जंगल थे । लोहे के औजारों के बिना इन घने जंगलों को साफ करना संभव नहीं था ।

वैदिक आर्यों की दूसरी बड़ी देन है : घोड़ों से जुतनेवाले रथ । वेदों में अश्व, रथ तथा रथकार के अनेक उल्लेख मिलते हैं । वैदिक समाज में रथकार (बढ़ई) को सम्मान की दृष्टि से देखा जाता था । बढ़ई के काम की तुलना वेदों की ऋचाएँ रचने के काम से की गई है । दरअसल, आरंभिक वैदिक समाज अभी वर्णों में नहीं बँटा था । जानकारी मिलती है कि एक ही परिवार के कई व्यक्ति भिन्न-भिन्न व्यवसायों को अपनाते थे ।

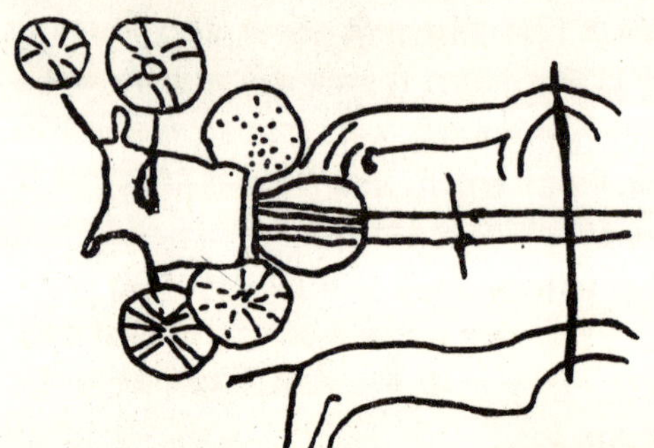

बाईं ओर का चित्र मिर्जापुर जिले की एक पहाड़ी गुफा में मिला है। इसमें रथारोही व्यक्ति को 'चक्र' फेंकते हुए दर्शाया गया है ।

दाईं ओर : ईरान के हख़ामनी सम्राट दारयवहु (डेरियस : 522-486 ई. पू.) की मुद्रा । इसमें अश्वरथारोही सम्राट को सिंह का शिकार करते हुए दर्शाया गया है ।

भारतीय तथा ईरानी आर्यों के अश्वरथ ।

वैदिक काल के रथ का कोई नमूना नहीं मिलता ; उस समय का कोई प्राचीन शिल्प भी नहीं मिलता । लकड़ी के बने हुए रथ लंबे समय तक टिक नहीं सकते । बुद्धगया के एक प्राचीन शिल्प में चार घोड़ों से जुते हुए रथारूढ़ सूर्य का शिल्प मिलता है, लेकिन वह ईसवी सन् के आरंभ-काल का है । मिर्जापुर की पहाड़ियों में चक्रधारी एक रथारूढ़ योद्धा का चित्र मिलता है, जो संभवतः ईसा पूर्व आठवीं सदी का है । लेकिन पश्चिमी एशिया के देशों से घोड़े जुते हुए रथों के अनेक शिल्प मिलते हैं । भारतीय आर्यों के रथ भी लगभग वैसे ही रहे होंगे ।

वैदिक काल के आर्यों ने अभी नगर नहीं बसाए थे । वे ग्रामवासी ही थे । खेती करते थे । वे मुख्यतः पशुपालक कृषक थे । लेकिन आगे की कुछ सदियों में ही वे नगरों की स्थापना करते हैं और राजसत्ता के युग में पहुँच जाते हैं ।

आयुर्वेद का विकास

'आयुर्वेद' शब्द 'आयुष्' तथा 'वेद' शब्दों के मेल से बना है। आयु का अर्थ है जीवन और वेद का अर्थ है जानना। अतः आयुर्वेद शब्द का अर्थ हुआ : जीवन संबंधी ज्ञान या दीर्घायु प्राप्त करने का ज्ञान

पहले हम बता चुके हैं कि सर्वप्रथम अथर्ववेद में चिकित्सा के बारे में थोड़ी-बहुत जानकारी मिलती है, परंतु यह चिकित्सा अभी ओझाई के स्तर की ही थी। पुरोहित (अथर्वन्) उस जमाने के वैद्य थे। औषधियों की अपेक्षा झाड़-फूँक को अधिक महत्त्व दिया जाता था।

परंतु अथर्ववेद से यह भी जानकारी मिलती है कि उस जमाने में औषधियों से इलाज करनेवाले भी बहुत-से वैद्य थे। इन्हीं वैद्यों ने आगे जाकर चिकित्सा-ज्ञान को काफी हद तक धर्म-कर्म से जुदा करके आयुर्वेद की स्थापना की।

लेकिन उस जमाने में ज्ञान-विज्ञान के किसी भी अंग को वेदाध्ययन से पूरी तरह जुदा करना संभव नहीं था। हमने देखा है कि आरंभ में वेदांगों के रूप में रेखागणित तथा ज्योतिष का विकास वेदाध्ययन के अंतर्गत ही हुआ है। आयुर्वेद के उद्‌गम को भी वेदों के साथ जोड़ा जाता है। आयुर्वेद को कभी-कभी पाँचवाँ वेद और कभी-कभी अथर्ववेद का उपांग या ऋग्वेद का उपवेद माना जाता है।

लेकिन वस्तुस्थिति कुछ भिन्न है। आयुर्वेद के **चरक-संहिता, सुश्रुत-संहिता**-जैसे ग्रंथों के अध्ययन से पता चलता है कि चिकित्सा-ज्ञान ने प्राचीन काल में ही धर्म-कर्म से अपने को काफी हद तक अलग कर लिया था। इन संहिताओं में जादू-टोने या झाड़-फूँक के उल्लेख बहुत कम हैं। ये ग्रंथ मुख्यतः वैज्ञानिक पद्धति के ग्रंथ हैं।

फिर भी चिकित्सा-ज्ञान को देवताओं तथा दैवी पुरुषों के साथ जोड़ना जरूरी था, इसलिए इन संहिताओं में आयुर्वेद के विकास की परंपराएँ दी गई हैं, जिनकी चर्चा हम आगे करेंगे। यहाँ सबसे पहले हम यह देखेंगे कि आज आयुर्वेद का कौन-सा साहित्य उपलब्ध है।

आयुर्वेद का साहित्य

सबसे प्राचीन एवं सुव्यवस्थित ग्रंथ हैं **चरक-संहिता** तथा **सुश्रुत-संहिता**। संग्रह या संकलन को ही संहिता कहते हैं। अतः स्पष्ट है कि इन ग्रंथों में परंपरागत चिकित्सा-ज्ञान का संकलन हुआ है।

स्वयं **चरक** ने चरक-संहिता की रचना नहीं की है। चरक-संहिता के प्रत्येक अध्याय की शुरुआत में लिखा हुआ है : **इति ह स्माह भगवानात्रेय**; अर्थात्, भगवान आत्रेय ने ऐसा कहा। इसी प्रकार, प्रत्येक अध्याय के अंत में उल्लेख है : **इत्यग्निवेशकृते तंत्रे चरक प्रतिसंस्कृते**, अर्थात् इस तंत्र (ग्रंथ)की रचना अग्निवेश ने की और चरक ने इसको 'प्रतिसंस्कृत' किया। प्रतिसंस्कृत का अर्थ होता है : नई जानकारी के अनुसार घटा-बढ़ाकर शुद्ध करना।

अतः स्पष्ट है कि चरक-संहिता के निर्माता स्वयं चरक नहीं हैं। चरक-संहिता में आयुर्वेद-ज्ञान की शुरूआत ब्रह्मा से मानी गई है। ब्रह्मा से यह ज्ञान प्रजापति को मिला, प्रजापति से अश्विनी कुमारों को और अश्विनी कुमारों से इंद्र को।

आगे कहा गया है कि भरद्वाज ऋषि ने इंद्र से आयुर्वेद का ज्ञान प्राप्त किया। भरद्वाज के शिष्य थे आत्रेय-पुनर्वसु। आत्रेय-पुनर्वसु ने अपने छः शिष्यों को आयुर्वेद का उपदेश दिया। ये छः शिष्य हैं : अग्निवेश, भेल, जतूकर्ण, पराशर, हारीत और क्षारपाणि।

फिर इन शिष्यों ने आयुर्वेद के बारे में अपने-अपने तंत्रों (ग्रंथों) की रचना की। जैसे, अग्निवेश ने **अग्निवेश-तंत्र** की रचना की। आज मूल अग्निवेश-तंत्र नहीं मिलता। लेकिन चरक ने संभवतः इसी तंत्र को शुद्ध किया है। यही है चरक-संहिता।

चरक-संहिता आठ **स्थानों** अथवा खंडों में विभाजित है। इनमें से छठे स्थान (चिकित्सास्थान) के 17 अध्याय तथा अंतिम दो स्थान (कल्पस्थान तथा सिद्धिस्थान) **दृढ़बल** नामक वैद्याचार्य ने लिखे हैं। दृढ़बल संभवतः ईसा की नवीं सदी में हुए।

इस प्रकार हम देखते हैं कि **चरक-संहिता** एक व्यक्ति की या एक समय की रचना नहीं है। यही हाल सुश्रुत-संहिता का है। **सुश्रुत-संहिता** मुख्यतः शल्य-चिकित्सा (सर्जरी) का ग्रंथ है। इस ग्रंथ के प्रत्येक अध्याय के आरंभ में कथन है : **यथोवाच भगवान धन्वंतरिः**, अर्थात्, जैसा कि भगवान धन्वंतरि ने कहा। धन्वंतरि से प्राप्त ज्ञान का सुश्रुत ने संकलन किया, इसीलिए सुश्रुत-संहिता के प्रत्येक अध्याय के अंत में सुश्रुत के नाम का उल्लेख है।

ईसा की बारहवीं सदी में **डल्हणाचार्य** ने सुश्रुत-संहिता पर टीका लिखी थी। उसमें डल्हण जानकारी देते हैं कि **नागार्जुन** ने सुश्रुत-संहिता को 'प्रति-संस्कृत' किया था। अतः वर्तमान चरक-संहिता के निर्माण में जो स्थान चरक का है, वही स्थान सुश्रुत-संहिता के निर्माण में नागार्जुन का है। सुश्रुत-संहिता में भी आयुर्वेद का परंपरा दी गई है। ब्रह्मा से इंद्र तक यह परंपरा चरक-संहिता-जैसी ही है। लेकिन आगे सुश्रुत-संहिंता के आयुर्वेद-ज्ञान के व्याख्याता धन्वंतरि हैं और श्रोता हैं सुश्रुत आदि उनके शिष्य। **काशीराज दिवोदास** को धन्वंतरि का अवतार माना जाता है। इस प्रकार, इन दोनों संहिताओं की आयुर्वेद-परंपरा को हम निम्न तालिका से व्यक्त कर सकते हैं :

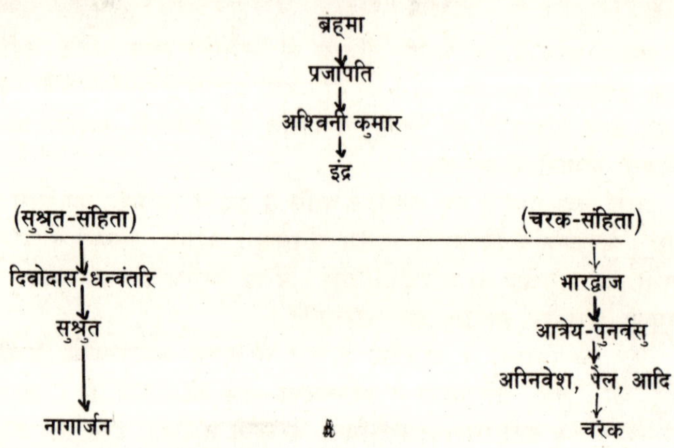

प्राचीन काल में हमारे देश में, और अन्य देशों में भी, हर विद्या की शुरुआत किसी-न-किसी देवता से मानने की परंपरा रही है। इसलिए इंद्र तक की उपर्युक्त आयुर्वेद-परंपरा निश्चय ही काल्पनिक है। आरंभिक वैदिक साहित्य में धन्वंतरि का कोई उल्लेख नहीं है। धन्वंतरि से संबंधित कथाएँ पौराणिक हैं, कालांतर की हैं।

दिवोदास और भरद्वाज के नाम वेदों में मिलते हैं, कुछ स्थानों पर साथ-साथ। अतः लगता है कि मूल परंपरा एक ही है, सिर्फ नामों में भेद किया गया है। लेकिन भरद्वाज और आत्रेय (अत्रि के वंशज) अनेक हुए हैं। इसलिए भरद्वाज या आत्रेय नामक किसी व्यक्ति को आयुर्वेद-परंपरा के साथ जोडने में अनेक कठिनाइयाँ हैं। इनके बारे में हमें कोई ऐतिहासिक जानकारी नहीं मिलती।

अग्निवेश, सुश्रुत और चरक के बारे में भी हमें कोई ऐतिहासिक

जानकारी नहीं मिलती । चीनी बौद्धग्रंथों में चरक नामक वैद्य का उल्लेख है । जानकारी मिलती है कि चरक सम्राट कणिष्क के राजवैद्य थे । कणिष्क का समय अभी तक निश्चित नहीं हो पाया है । सामान्यतः कणिष्क का समय ईसा की पहली से तीसरी सदी तक माना जाता है । बौद्ध दार्शनिक नागार्जुन का भी लगभग यही समय है ।

तात्पर्य यह कि, चरक-संहिता तथा सुश्रुत-संहिता एक निश्चित काल की रचनाएँ नहीं हैं और जिन आयुर्वेदाचार्यों ने इनकी रचना में योग दिया है उनके बारे में हमें ठोस ऐतिहासिक जानकारी नहीं मिलती । संक्षेप में हम कह सकते हैं कि अपने वर्तमान रूप में ये संहिताएँ ईसा से एक-दो सदी पहले या एक-दो सदी बाद में अस्तित्व में आ गई थीं । चरक-संहिता कुछ पहले की रचना है, सुश्रुत-संहिता कुछ बाद की ।

इन ग्रंथों के आयुर्वेद-ज्ञान की चर्चा हम आगे करेंगे । इन संहिताओं के अलावा भेल-संहिता तथा काश्यप-संहिता भी मिलती हैं । ये खंडित ग्रंथ हैं । बौद्ध साहित्य में **जीवक** नाम के चिकित्सक के बारे में जानकारी मिलती है । जीवक का जन्म राजगृह में हुआ था, परंतु आयुर्वेद का ज्ञान प्राप्त करने वे तक्षशिला (गांधार देश) गए थे। राजगृह लौटकर उन्होंने राजा बिंबिसार तथा गौतम बुद्ध का इलाज किया था । अतः यह निश्चित है कि जीवक 500 ई. पू. के आसपास हुए । जीवक का कोई ग्रंथ नहीं मिलता ।

भारतीय चिकित्सा-पद्धति के विकास में बौद्धों का बड़ा हाथ है । बौद्ध-विहारों में चिकित्सालय भी होते थे और बौद्ध भिक्षु रोगियों का इलाज करते थे । **सम्राट अशोक** ने अपने राज्य में बहुत-से चिकित्सालय खोले थे और पड़ोसी राज्यों में भी वैद्य भेजे थे ।

बौद्ध धर्म के साथ-साथ विदेशों में भारतीय चिकित्सा-ज्ञान का भी प्रचार-प्रसार हुआ । हमारे पड़ोसी देश श्रीलंका में आयुर्वेद का खूब विकास हुआ। श्रीलंका के राजा **बुद्धदास** (337-365 ई.) स्वयं एक योग्य चिकित्सक थे और उन्होंने अपने देश में हर दस देहातों के लिए एक अस्पताल की स्थापना की थी । बाद में भी श्रीलंका के अनेक शासकों ने अस्पतालों की स्थापना की । कुछ प्राचीन अस्पतालों के खंडहर श्रीलंका में आज भी देखने को मिलते हैं । श्रीलंका में आयुर्वेद की परंपरा आज भी जीवित है ।

बौद्ध धर्म के साथ आयुर्वेद का ज्ञान मध्य एशिया होता हुआ चीन तक पहुँचा । जानकारी मिलती है कि चीन के बौद्ध-विहारों के अहातों में चिकित्सालय भी होते थे। पिछली सदी में **बावेर** महाशय ने चीनी तुर्किस्तान (पूर्वी-मध्य एशिया) से कुछ हस्तलिपियाँ खरीदी थीं, जो अब **बावेर हस्तलिपियों** के नाम से जानी जाती हैं । इनमें से कुछ हस्तलिपियाँ

चिकित्साशास्त्र से संबंधित हैं।

इनमें से **नावनीतकम्** नामक पुस्तक में लहसुन के बारे में विशेष जानकारी दी गई है। विद्वानों की राय है कि यह पुस्तक तीसरी-चौथी सदी में रची गई थी। इस पुस्तक के अध्ययन से स्पष्ट होता है कि इसके पहले चरक तथा सुश्रुत की संहिताएँ रची जा चुकी थीं।

फिर आयुर्वेद के दो प्रसिद्ध ग्रंथ मिलते हैं। ये हैं: **अष्टांग-संग्रह** और **अष्टांग-हृदय**। आयुर्वेद को आठ भागों में बाँटने की परंपरा रही है। इसलिए 'अष्टांग' शब्द आयुर्वेद या चिकित्सा का द्योतक बन गया था। इन दो ग्रंथों की रचना **वाग्भट** ने की है। आधुनिक जानकारी के अनुसार, इनके रचनाकार एक नहीं, दो वाग्भट हैं। इनके समय के बारे में भी काफी उलझन है। इन्हें हम छठी से नवीं सदी के बीच रख सकते हैं। इसी काल में **माधव** नाम के एक प्रसिद्ध वैद्य हुए।

अष्टांग-संग्रह तथा अष्टाग-हृदय ग्रंथ चरक-संहिता तथा सुश्रुत-संहिता पर आधारित हैं। इसलिए हमें चरक-संहिता तथा सुश्रुत-संहिता के बारे में ही कुछ विशेष जानकारी प्राप्त करनी है।

चरक-संहिता

चरक-संहिता संस्कृत भाषा में लिखा हुआ गद्य-पद्य मिश्रित ग्रंथ है। इसमें 8 स्थान और 120 अध्याय हैं। प्रमुख विषय ये हैं:

1. सूत्रस्थान: इसमें 30 अध्याय हैं। प्रथम अध्याय में आयुर्वेद की उत्पत्ति एवं परंपरा और इसके लक्षण तथा उद्देश्य के बारे में जानकारी दी गई है। फिर आगे के अध्यायों में औषधि का वर्णन, स्वास्थ्य तथा चिकित्सा संबंधी बातें, खान-पान के बारे में नियम तथा वैद्य के गुण बतलाए गए हैं।

2. निदानस्थान: इसमें आठ अध्याय हैं। इनमें ज्वार, रक्तपित्त, कुष्ठ आदि प्रमुख रोगों की जानकारी दी गई है।

3. विमानस्थान: इसमें भी आठ अध्याय हैं और इनमें रोगों के लक्षणों के बारे में विशेष जानकारी दी गई है।

4. शारीरस्थान: इसमें आठ अध्याय हैं। इस स्थान में शरीर की रचना तथा इसके अवयवों के बारे में मोटी जानकारी दी गई है। साथ ही, गर्भधारण तथा गर्भ के विकास के बारे में भी जानकारी है। पुरातन काल से ही गर्भधारण एक रहस्यमय विषय रहा है। इसलिए शारीरस्थान के कुछ अध्यायों में आध्यात्मिक एवं दार्शनिक बातों का भी विवेचन है।

5. इंद्रियस्थान: सभी रोगों का इलाज संभव नहीं होता। वैद्यों की बदनामी न हो, इसलिए उन्हें जानना होता था कि कौन-से रोग असाध्य होते हैं। जिन लक्षणों से पता चल जाता है कि रोगी की मृत्यु अवश्य होगी, उन्हें 'रिष्ट' कहते हैं। इंद्रियस्थान के 12 अध्यायों में असाध्य रोगों के इन्हीं रिष्टों

(लक्षणों) के बारे में जानकारी दी गई है।

6. चिकित्सास्थान : इसमें 30 अध्याय हैं। पहले अध्याय का विषय रसायन है और दूसरे अध्याय का वाजीकरण। ये दोनों ही विषय आयुर्वेद के अंग हैं। **वाजी** का अर्थ है : घोड़ा या वीर्य। अतः वाजीकरण वह विद्या हुई जिससे आदमी में घोड़े-जैसी ताकत आ जाती है।

जानकारी मिलती है कि चिकित्सास्थान के 17 अध्याय **दृढ़बल** ने लिखे हैं। परंतु ये ठीक कौन-से अध्याय हैं, यह जान पाना आज संभव नहीं है। चरक-संहिता के शेष दो स्थान भी दृढ़बल ने ही लिखे हैं।

7. कल्पस्थान : इसमें वमन, विरेचन आदि द्रव्यों के बारे में जानकारी दी गई है। इसमें 12 अध्याय हैं।

8. सिद्धिस्थान : इसमें भी बारह अध्याय हैं। वमन, विरेचन तथा वस्ति के असंतुलित प्रयोग से होनेवाले रोगों के सफल इलाज के बारे में इन अध्यायों में जानकारी दी गई है।

संक्षेप में, यही हैं चरक-संहिता के विषय। हम बता चुके हैं कि आयुर्वेद के आठ अंग (अष्टांग) माने गए हैं। इनमें से एक है **काय-चिकित्सा**। काय शब्द के दो अर्थ हैं—शरीर और अग्नि। अतः काय-चिकित्सा का अर्थ हुआ, शरीर की चिकित्सा। यह भी मान्यता थी कि शरीर में अग्नि ठीक रहने से मनुष्य स्वस्थ रहता है। इसलिए अग्नि-चिकित्सा एक प्रकार से शरीर-चिकित्सा ही है।

चरक-संहिता काय-चिकित्सा का प्रमुख ग्रंथ होने पर भी इसमें आयुर्वेद के अन्य अंगों के बारे में जानकारी दी गई है। हमने देखा है कि चिकित्सा-स्थान में रसायन तथा वाजीकरण अंगों की जानकारी है। आयुर्वेद के आठ अंग कौन-से हैं, यह जानना जरूरी है, इसलिए हम इनका संक्षिप्त परिचय दे रहे हैं।

1. शल्यतंत्र : आधुनिक शब्दों में इसे हम शल्य-चिकित्सा अथवा सर्जरी कहेंगे। 'शल्य' शब्द का अर्थ है दुःख या पीड़ा। अतः जिन विधियों से शल्य को दूर किया जाए, उनका समावेश शल्यतंत्र में होता है। चरक-संहिता में शल्यतंत्र की विशेष जानकारी नहीं है, परंतु **सुश्रुत-संहिता** शल्यतंत्र का ही प्रमुख ग्रंथ है। वाग्भट ने भी शल्य-चिकित्सा की अच्छी जानकारी दी है।

2. शालाक्यतंत्र : किसी धातु या लकड़ी की सलाई को **शलाका** कहते हैं। आँख, कान, नाक, मुँह आदि के रोगों के इलाज के लिए इन शलाकाओं का इस्तेमाल होता था। इसलिए गले के ऊपर के आँख, कान, नाक आदि अवयवों के रोगों की चिकित्सा को शालाक्यतंत्र कहते थे। जानकारी

मिलती है कि प्राचीन काल में शालाक्यतंत्र के कुछ स्वतंत्र ग्रंथों की रचना हुई थी।

3. काय-चिकित्सा : पहले हम बता चुके हैं कि मुख्यतः औषधियों द्वारा की जानेवाली शरीर की चिकित्सा को काय-चिकित्सा कहते हैं। चरक-संहिता इस विषय का प्रमुख ग्रंथ है।

4. भूतविद्या : पिछले प्रकरण में हमने बताया है कि अथर्ववेद में पिशाच, राक्षस आदि को रोगोत्पत्ति के लिए जिम्मेदार ठहराया गया है। बाद में केवल उन्माद से संबंधित रोगों के लिए भूत-प्रेत को जिम्मेदार ठहराया गया। मानसिक रोगों का इलाज झाड़-फूँक से होता था, देहातों में आज भी होता है। यही है भूतविद्या।

5. कौमारभृत्य : यह प्रसूति-विज्ञान है। इसके अंतर्गत गर्भिणी स्त्री, नवजात शिशु तथा बालकों के रोगों का इलाज होता था। चरक-संहिता तथा काश्यप-संहिता में इस विषय की अच्छी जानकारी है। बुद्ध के समकालीन वैद्य **जीवक** भी इस विषय के विशेषज्ञ थे, इसीलए बौद्ध साहित्य में उनका पूरा नाम **कौमारभृत्य जीवक** मिलता है। परंतु आज जीवक का कोई ग्रंथ नहीं मिलता।

6. अगदतंत्र : यह विषतंत्र है। विष दो प्रकार के होते थे—स्थावर और जांगल। वनस्पति, बीज आदि के विषों को स्थावर विष कहते थे और साँप, बिच्छू आदि के विष को जांगल विष। राजा के रसोईघर में तथा युद्धक्षेत्र में विष के जानकार वैद्यों की जरूरत पड़ती थी। इसीलिए प्राचीन भारत में अगदतंत्र का स्वतंत्र विकास हुआ था। **कौटिल्य** ने अपने **अर्थशास्त्र** में आदेश दिया है कि राजा को चाहिए कि वह हमेशा अपने पास जांगल विष को पहचाननेवाले वैद्यों को रखे। कौटिल्य ने विषकन्याओं से बचने के उपाय भी बतलाए हैं।

7. रसायन तंत्र : बुढ़ापा तथा रोग दूर करनेवाली औषधियों को रसायन कहा गया है (यज्जरा-व्याधि-विध्वंसि तद् रसायनमुच्यते)। बाद में हमारे देश में रसायन का कीमियागरी के रूप में स्वतंत्र विकास हुआ। इसकी विशेष जानकारी हम आगे देंगे।

8. वाजीकरण तंत्र : हम बता चुके हैं कि 'वाजी' शब्द के दो अर्थ हैं : घोड़ा और वीर्य (शुक्र)। जिन विधियों से वीर्य में वृद्धि होकर मनुष्य में घोड़े-जैसी ताकत आती है, उन्हें वाजीकरण कहते हैं।

यही हैं आयुर्वेद के आठ अंग (अष्टांग)। चरक-संहिता में इन सभी अंगों की कम-अधिक जानकारी मिलती है। परंतु चरक-संहिता मुख्यतः काय-चिकित्सा का ग्रंथ है।

चरक-संहिता काफी बड़ा ग्रंथ है। उस समय तक काय-चिकित्सा के

बारे में जितनी बातें जानी गई थीं, उन सबका इस ग्रंथ में समावेश कर दिया गया है। इसमें आरोग्यशाला के निर्माण तथा इसकी व्यवस्था के बारे में बढ़िया जानकारी है। सूतिकागार की व्यवस्था के बारे में भी जानकारी दी गई है। आयुर्वेद के अध्ययन के लिए आवश्यक गुरु और शिष्य के गुणों का चरक-संहिता में अच्छा विवेचन है। उस समय भी कपटी या बनावटी वैद्य होते थे। ऐसे वैद्यों से सावधान रहने का उपदेश दिया गया है। आधुनिक चिकित्सा-विज्ञान के विद्यार्थी अध्ययन पूरा करने के बाद प्रमाण-पत्र प्राप्त करते समय 'हिप्पोक्रेत की शपथ' ग्रहण करते हैं। चरक-संहिता से जानकारी मिलती है कि उस जमाने में भी चिकित्सा का पेशा अपनाने वाले वैद्य अपने पेशे के प्रति वफादार बने रहने की शपथ ग्रहण करते थे।

सब बातों पर विचार करने से पता चलता है कि उस जमाने में चिकित्सा-शास्त्र अन्य विज्ञानों से काफी आगे बढ़ा हुआ था। इसके कई कारण हैं। एक, चिकित्साशास्त्र ने अपने को काफी हद तक धर्म-कर्म से जुदा कर लिया था। यह एक अनुभवजन्य एवं प्रायोगिक विज्ञान था। चरक-संहिता में एक स्थान पर कहा गया है कि वैद्य को जंगल में रहनेवाले तपस्वियों तथा गड़रियों से वनस्पतियों के बारे में जानकारी प्राप्त करनी चाहिए।

दूसरी बात यह है कि, चिकित्सा का पेशा केवल ब्राह्मण-पुरोहितों तक सीमित नहीं रहा। समाज के किसी भी स्तर का व्यक्ति इस पेशे को अपना सकता था। बाप यदि वैद्य हो तो बेटा भी वैद्य ही बने, यह जरूरी नहीं था (न वैद्यः पूर्वजन्मनः)। इसी स्वस्थ दृष्टिकोण के कारण उस जमाने में यह विज्ञान तेजी से उन्नति कर पाया। लेकिन आगे इसका अधिक विकास नहीं हो पाया। बाद में हमारे देश में काय-चिकित्सा के ऐसे किसी ग्रंथ की रचना नहीं हुई जो चरक-संहिता से काफी बढ़ा-चढ़ा हो। आयुर्वेद की चिकित्सा-पद्धति में आज भी चरक-संहिता को प्रमाण-ग्रंथ माना जाता है।

सुश्रुत-संहिता

सुश्रुत-संहिता मुख्यतः **शल्य-चिकित्सा** का ग्रंथ है। हम बता चुके हैं कि सुश्रुत-संहिता के उपदेशक हैं **धन्वंतरि (काशीराज दिवोदास)** और श्रोता एवं रचयिता हैं **सुश्रुत**। इन दोनों के बारे में हमें कोई ठोस ऐतिहासिक जानकारी नहीं मिलती।

ईसा की ग्यारहवीं सदी में **डल्हणाचार्य** ने सुश्रुत-संहिता पर टीका लिखी थी। उसमें वे जानकारी देते हैं कि **नागार्जुन सुश्रुत-संहिता के प्रतिसंस्कर्त्ता** हैं। हमने देखा है कि चरक भी चरक-संहिता के प्रतिसंस्कर्त्ता ही हैं। इस प्रकार, चरक और नागार्जुन समान स्तर के व्यक्ति

हैं और संभवतः वे एक ही समय में हुए।

ईसा की दूसरी सदी में नागार्जुन नाम के एक प्रख्यात बौद्ध दार्शनिक हुए। वे चिकित्सक के रूप में भी प्रसिद्ध हैं। अतः लगता है कि सुश्रुत-संहिता का शुद्ध संस्करण उन्हीं ने तैयार किया होगा। अन्य बातों से भी सिद्ध होता है कि वर्तमान सुश्रुत-संहिता ईसा की दूसरी सदी के पहले की रचना नहीं है। इतना निश्चित है कि उपलब्ध चरक-संहिता या सुश्रुत-संहिता की रचना का श्रेय किसी एक व्यक्ति को नहीं दिया जा सकता।

आयुर्वेद के ग्रंथों को 120 अध्यायों में विभाजित करने की परंपरा रही है। सुश्रुत-संहिता में भी 120 अध्याय हैं। इन्हें पाँच स्थानों में बाँटा गया है। ये पाँच स्थान हैं: सूत्रस्थान, निदानस्थान, शारीरस्थान, चिकित्सा-स्थान और कल्पस्थान। इनके अलावा सुश्रुत-संहिता में परिशिष्ट के रूप में **उत्तरतंत्र** भी जोड़ा गया है, जिसमें 66 अध्याय हैं। चरक-संहिता की तरह सुश्रुत-संहिता भी गद्य-पद्य में लिखी गई है।

सुश्रुत-संहिता के सूत्रस्थान में शल्य-चिकित्सा की विधियों के बारे में विस्तृत जानकारी है। आरंभ में आयुर्वेद की परंपरा, अष्टांगों के लक्षण, गुरु-शिष्य के संबंध, शस्त्रकर्म के लिए आवश्यक गुण, आदि की जानकारी दी गई है। सातवें और आठवें अध्यायों में यंत्रों तथा शस्त्रों के बारे में जानकारी दी गई है।

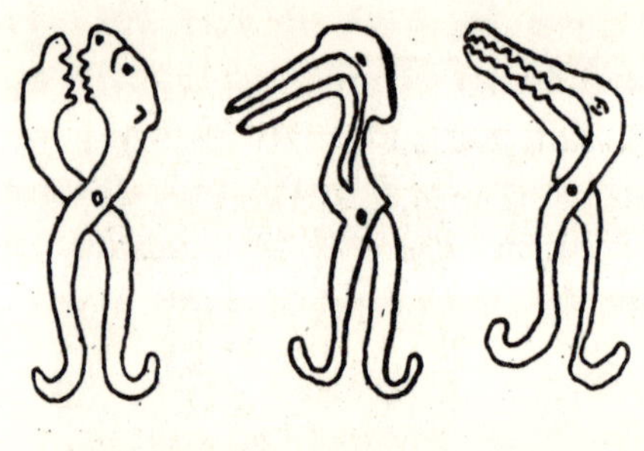

सुश्रुत-संहिता में वर्णित शल्य-चिकित्सा के कुछ यंत्र। काकमुख, सिंहमुख, गृध्रमुख (स्वस्तिकयंत्र) आदि इनके नाम हैं।

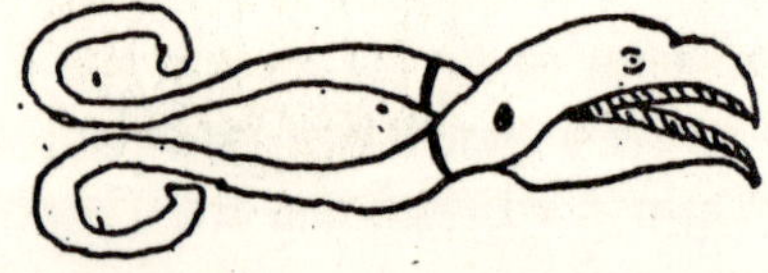

यंत्रों की संख्या 101 बतलाई गई है, लेकिन हाथ को ही मुख्य यंत्र माना गया है। आकृतियों के अनुसार यंत्रों को 6 प्रकारों में बाँटा गया है: स्वस्तिकयंत्र, संदंशयंत्र, तालयंत्र, नाड़ीयंत्र, शलाकायंत्र और उपयंत्र। ये

यंत्र मुख्यतः लोहे के होते थे और हिंस्र पशु तथा पक्षियों के मुँह के आकार के थे । जैसे, स्वस्तिकयंत्र 24 प्रकार के थे और इनके मुँह सिंह, भेड़िये, चीते, कौवे आदि के मुँह-जैसे होते थे ।

संदंशयंत्र संडसियाँ तथा चिमटियाँ होते थे । इनसे त्वचा, मांस, शिरा आदि को खींचा जाता था । तालयंत्र चम्मच के आकार के होते थे और इनसे नाक, कान आदि का मैल निकाला जाता था । नाड़ीयंत्र खोखले होते थे और कंठ, भगंदर आदि की पीड़ा में इनका इस्तेमाल होता था । इसी तरह अन्य प्रकार के यंत्रों की रचना तथा इनके इस्तेमाल के बारे में सूक्ष्म जानकारी दी गई है ।

चीरने, फाड़ने या काटने के लिए शस्त्रों का इस्तेमाल होता था । सुश्रुत-संहिता में शस्त्रों की संख्या बीस बतलाई गई है । मंडलाग्र, करपत्र, मुद्रिका, ब्रीहिमुख आदि इनके नाम हैं । इन शस्त्रों से फल, कंदमूल तथा साग-सब्जियों पर काटने-छेदने आदि के विविध प्रयोग करके शल्यकर्म

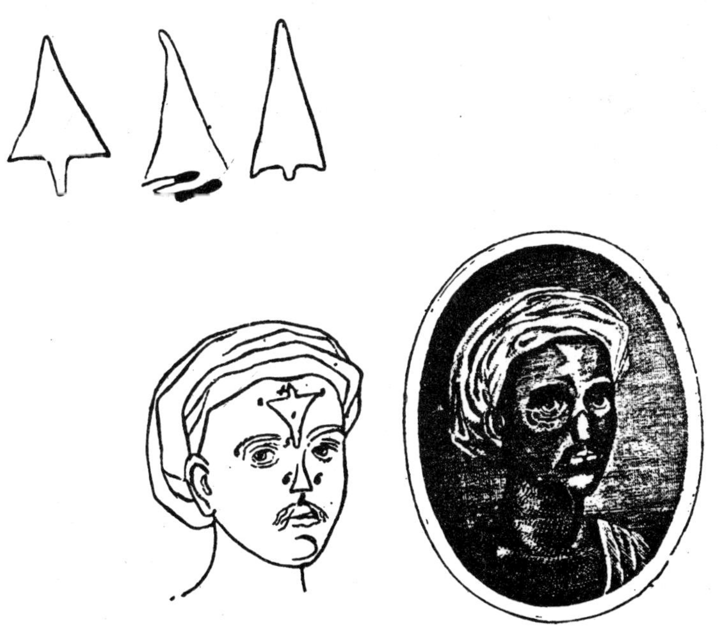

सन् 1794 ई. में लंदन की 'जंटलमैन्ज़ मैगज़ीन' नामक पत्रिका में प्रकाशित महाराष्ट्र के एक वैद्य द्वारा की गई नाक की प्लास्टिक सर्जरी के विवरण के साथ दिया गया चित्र ।

सीखने की जानकारी दी गई है। खून निकालने के लिए जोंक के इस्तेमाल की भी जानकारी है।

आगे शारीरस्थान में **शवच्छेदन** के बारे में भी जानकारी दी गई है। इसके लिए किसी अच्छे शव को प्राप्त करके उसे पिंजड़े में बंद करके नदी के बहते जल में सात दिन तक रख दिया जाता था। फिर मुलायम कूँचियों से खुरचकर उस शव की परीक्षा की जाती थी।

प्राचीन भारत में प्रत्यक्ष एवं प्रायोगिक ज्ञान को इतना महत्त्व दिया जाना सचमुच ही अद्‌भुत बात है। समझ में नहीं आता कि उस जमाने के शल्य-चिकित्सकों को निरोग शव कहाँ से मिलते होंगे।

उस समय भी निरंतर लड़ाइयाँ होती रहती थीं। इसलिए सेना के साथ शल्य-चिकित्सकों का होना जरूरी माना गया था। सेना की शल्य-चिकित्सा की जानकारी देने के लिए सुश्रुत-संहिता में 'युक्तसेनीय' नाम से एक अध्याय है।

उस समय अपराधियों को तरह-तरह के दंड दिए जाते थे। उनके नाक या कान काट दिए जाते थे। इसलिए नकली नाक लगवाना बहुतों के लिए जरूरी हो जाता था। सुश्रुत-संहिता के सूत्रस्थान के सोलहवें अध्याय में कान, नाक तथा ओंठ की प्लास्टिक सर्जरी के बारे में जानकारी दी गई है।

प्लास्टिक सर्जरी भारत की खोज है। मध्ययुग में प्लास्टिक सर्जरी का ज्ञान इटली आदि यूरोप के देशों में पहुँचा। फिर अठारहवीं सदी के अंतिम दशक में ईस्ट इंडिया कंपनी के दो डॉक्टरों ने महाराष्ट्र के वैद्यों को नाक की प्लास्टिक सर्जरी करते देखा। इसका विवरण लंदन की एक पत्रिका में प्रकाशित हुआ। तदनंतर ही यूरोप में प्लास्टिट सर्जरी का तेजी से विकास हुआ। प्लास्टिक सर्जरी की एक विधि आज भी 'भारतीय विधि' के नाम से प्रसिद्ध है।

इस प्रकार, हम देखते हैं कि सुश्रुत-संहिता शल्य-चिकित्सा का एक वैज्ञानिक ग्रंथ है। लेकिन बाद में हमारे देश में इस विज्ञान की उन्नति नहीं हुई। **वाग्भट** ने शल्य-चिकित्सा की जानकारी दी है, परंतु वह सारी सुश्रुत-संहिता पर आधारित है।

नावनीतक

प्राचीन काल में मध्य एशिया के साथ भारत के घनिष्ठ संबंध रहे हैं। मध्य एशिया से खरोष्ठी तथा ब्राह्मी लिपि में लिखी हुई अनेक प्राचीन पुस्तकें मिली हैं। 1890 ई. में काशग़र (चीनी तुर्किस्तान, पूर्वी मध्य एशिया) से

चिकित्सा से संबंधित कुछ हस्तलिपियाँ बावेर नामक व्यक्ति ने खरीदीं, जो अब **बावेर हस्तलिपियों** के नाम से जानी जाती हैं। **हॉर्नले** ने इन्हें प्रकाशित किया है।

ताड़पत्र पर लिखी हुई ये पाँच पुस्तकें खंडित और अधूरी हैं। फिर भी भारतीय चिकित्साशास्त्र की दृष्टि से इनका बड़ा महत्त्व है। इनमें से पहली पुस्तक में 31 पन्ने हैं और इसे तीन भागों में बाँटा गया है। पहले भाग में लहसुन के गुणों के बारे में जानकारी दी गई है। दूसरे भाग का नाम **नावनीतकम्** है। नावनीतक के 16 प्रकरणों में घी, चूर्ण, तेल, आँख की औषधि, केशरंजन आदि के योग (फार्मूले) दिए गए हैं।

नावनीतक में दिए गए ये योग चरक-संहिता, सुश्रुत-संहिता तथा भेल-संहिता पर आधारित हैं। इसलिए स्पष्ट है कि इन संहिताओं की रचना नावनीतक के पहले हो चुकी थी। सब बातों पर विचार करके विद्वान इस परिणाम पर पहुँचे हैं कि नावनीतक की रचना ईसा की चौथी सदी में हुई होगी। ये बावेर हस्तलिपियाँ कुछ अशुद्ध संस्कृत भाषा में लिखी गई हैं। उस जमाने के अनेक बौद्ध ग्रंथ इसी प्रकार की कुछ अशुद्ध संस्कृत भाषा में लिखे गए हैं। जो भी हो, चिकित्साशास्त्र का यह ग्रंथ मध्य एशिया में मिला है, इसलिए इसका विशेष महत्त्व है।

वाग्भट

चिकित्साशास्त्र के **अष्टांग-संग्रह** और **अष्टांग-हृदय** ग्रंथ खूब प्रसिद्ध हैं। इन दोनों ग्रंथों के रचयिता वाग्भट हैं। इन दोनों ग्रंथों की रचना एक वाग्भट ने की है या दो वाग्भटों ने, इस बात को लेकर काफी वाद-विवाद है। संभव यही जान पड़ता है कि वाग्भट दो हुए हैं।

हम बता चुके हैं कि आयुर्वेद के आठ अंग माने गए थे, इसलिए 'अष्टांग' शब्द आयुर्वेद का ही द्योतक है। अष्टांग-संग्रह गद्य-पद्य में लिखा गया है और अष्टांग-हृदय केवल पद्य में। पद्य में होने से अष्टांग-हृदय को खूब प्रसिद्धि मिली। इस पर पैंतीस से भी अधिक टीकाएँ लिखी गईं और ग्यारहवीं सदी में इस ग्रंथ का तिब्बती भाषा में भी अनुवाद हुआ था।

ये दोनों ग्रंथ मुख्यतः चरक-संहिता और सुश्रुत-संहिता पर आधारित हैं, पर इनमें कुछ नई जानकारी भी है। इन ग्रंथों के रचना-काल के बारे में निश्चित रूप से कुछ नहीं कहा जा सकता, किंतु लगता है कि इनकी रचना सातवीं-आठवीं सदी में हुई है। इन ग्रंथों के अध्ययन से यह भी पता चलता है कि वाग्भट बौद्ध धर्म के अनुयायी थे। इन ग्रंथों में बौद्ध धर्म से संबंधित अनेक शब्दों का उल्लेख है।

आठवीं-नौवीं सदी में हमारे देश में पुराने वैदिक धर्म को पुनः जीवित करने के प्रयास हुए। पुराने ग्रंथों को अधिक महत्त्व दिया जाने लगा। वाग्भट बौद्ध थे और उनके ग्रंथ में चिकित्सा से संबंधित कुछ नई बातें थीं, इसलिए उस समय के कुछ लोगों ने उनका विरोध किया होगा। अतः वाग्भट कहते हैं कि पुराने ग्रंथों का राग आलापना व्यर्थ है; जहाँ भी अच्छी चीज मिले, उसे ग्रहण कर लेना चाहिए।

वाग्भट के ग्रंथों के बाद हमारे देश में आयुर्वेद के कुछ ग्रंथों की रचना हुई, पुराने ग्रंथों पर बहुत-सी टीकाएँ भी लिखी गईं, किंतु उनमें नवीनता नहीं है।

पशु-चिकित्सा

प्राचीन काल के युद्धों में हाथियों और घोड़ों का बड़ा महत्त्व था। इसलिए इनकी चिकित्सा का विकास हुआ और हाथी तथा घोड़े की चिकित्सा के बारे में ग्रंथ भी लिखे गए। कुछ ग्रंथ आज भी मिलते हैं।

पालकाप्य-संहिता हस्ति-आयुर्वेद का ग्रंथ है। इसमें आचार्य पालकाप्य हाथियों के रोगों के बारे में अंगदेश के राजा रोमपाद को जानकारी देते हैं। इस ग्रंथ की योजना भी आयुर्वेद की अन्य संहिताओं की तरह ही है।

शालिहोत्र-संहिता में मुख्यतः घोड़ों के रोगों के इलाज के बारे मे जानकारी दी गई है। अश्व-चिकित्सा पर **नकुल** और **जयदत्त** की लिखी हुई पुस्तकें भी मिलती हैं। हमारे देश में पशु-चिकित्सा की परंपरा बहुत पुरानी है। कौटिल्य के अर्थशास्त्र में पशु-चिकित्सकों तथा हस्ति-चिकित्सकों के बारे में जानकारी मिलती है। सम्राट अशोक ने अपने राज्य में पशुओं की चिकित्सा का भी अच्छा प्रबंध किया था।

प्राचीन काल में हमारे देश में पेड़-पौधों की चिकित्सा का भी विकास हुआ है। इस चिकित्सा को **वृक्षायुर्वेद** कहते थे। आयुर्वेद की चिकित्सा में वनस्पति का खूब इस्तेमाल होता है, इसलिए इस विद्या को **भेषजविद्या** भी कहते थे। आज वृक्षायुर्वेद का कोई स्वतंत्र ग्रंथ नहीं मिलता, किंतु बहुत सारे प्राचीन ग्रंथों में इसके बारे में जानकारी मिलती है। बाद में **निघंटु** नाम से कई वनस्पति-कोश तैयार किए गए थे।

आदान-प्रदान

चरक-संहिता तथा सुश्रुत-संहिता का ज्ञान न केवल देश में बल्कि विदेशों में भी फैला। दक्षिण-पूर्व एशिया के देशों में भी इन ग्रंथों का प्रचार हुआ।

इस्लाम के उदयकाल में ही अरबों को इन ग्रंथों की जानकारी मिली और अरबी में इनका अनुवाद हुआ। खलीफाओं के शासनकाल में बगदाद के अस्पतालों में भारतीय चिकित्सकों की सम्मान के साथ नियुक्तियाँ होती थीं।

ईसा पूर्व पाँचवीं सदी में **हिप्पोक्रेत** नाम के एक बहुत बड़े यूनानी चिकित्सक हुए। उनके नाम से लिखे हुए चिकित्सा के बहुत सारे ग्रंथ मिलते हैं। हिप्पोक्रेत की चिकित्सा-पद्धति तथा आयुर्वेद की चिकित्सा-पद्धति में अनेक बातें समान हैं, इसलिए किसने किससे क्या लिया, इस बात को लेकर काफी वाद-विवाद है। जैसे, भारतीय चिकित्सा का वात, पित्त तथा कफ़ का **त्रिदोष-सिद्धांत** यूनानी चिकित्सा-पद्धति में भी देखने को मिलता है।

इस समस्या के समाधान के लिए हमें एक ऐतिहासिक तथ्य पर विचार करना चाहिए। सामान्यतः यह माना जाता है कि ईसा पूर्व चौथी सदी के उत्तरार्ध में भारत के पश्चिमोत्तर प्रदेश पर सिकंदर के हमले के बाद ही हम यूनानियों के संपर्क में आए। परंतु यह बात सही नहीं है।

ईसा पूर्व छठी सदी में पश्चिमोत्तर भारत का गांधार प्रदेश ईरान के हख़ामनी साम्राज्य का एक प्रांत था। दरअसल, उस समय तक सिंधु नदी के पश्चिम की ओर का सारा प्रदेश हख़ामनी राज्य के अंतर्गत था। गांधार देश की राजधानी तक्षशिला भी हख़ामनी राज्य में थी। उस जमाने में तक्षशिला ज्ञान-विज्ञान का प्रसिद्ध केंद्र था, परंतु हख़ामनी सम्राटों का उस पर अधिकार था।

दूसरी ओर हख़ामनी साम्राज्य की सीमा भूमध्य सागर और आयोनिया (एशिया माइनर) से जा भिड़ती थी। हख़ामनी सम्राटों की सेवा में बहुत-से यूनानी चिकित्सक थे। इसलिए उस समय भारतीय विद्वान अवश्य ही यूनानी विद्वानों के निकट संपर्क में आए होंगे। ऐसी स्थिति में ज्ञान-विज्ञान का अवश्य आदान-प्रदान हुआ होगा। ईरान पर सिकंदर के हमले के समय तक गांधार देश ईरान के ही अधिकार में था। सिकंदर के बाद भारतीयों और यूनानियों का और अधिक मेल-जोल हुआ। दोनों ने एक-दूसरे से ज्ञान-विज्ञान की बातें सीखी हैं।

शून्य पर आधारित स्थानमान अंक-पद्धति का आविष्कार

आज हम अपनी सारी गणनाएँ केवल दस अंक-संकेतों से करते हैं। सारे संसार में आज इसी अंक-पद्धति का व्यवहार होता है। यह अंक-पद्धति भारत की खोज है। इस पुस्तक के आरंभ में ही हमने बताया है कि यह वैज्ञानिक अंक-पद्धति संसार को भारत की सबसे बड़ी देन है। इस प्रकरण में हम देखेंगे कि इस अंक-पद्धति की खोज भारत में कब और कैसे हुई।

वैदिक काल के विज्ञान पर विचार करते समय हमने देखा है कि उस समय अंक-संकेतों का अस्तित्व अवश्य रहा होगा, लेकिन वे अंक-संकेत कैसे थे, इसके बारे में हमें कोई जानकारी नहीं मिलती। इतना निश्चित है कि वैदिक काल के पंडितों-पुरोहितों ने शून्य पर आधारित स्थानमान अंक-पद्धति की खोज नहीं की है।

आगे कई सदियों तक इस नई अंक-पद्धति की खोज नहीं हुई। इसके लिए ठोस सबूत भी हैं। अंक-संकेतों का इस्तेमाल अक्षरों के साथ ही होता है। हमारे देश की सबसे पुरानी लिपि है सिंधु सभ्यता की लिपि, जो अभी तक पढ़ी नहीं गई है। फिर हमें **अशोक के लेख** मिलते हैं। ये लेख ब्राह्मी और खरोष्ठी लिपियों में हैं। इन्हीं लेखों में हमें पहली बार अंक-संकेत देखने को मिलते हैं। लेकिन अशोक के समय (ईसा पूर्व तीसरी सदी) की अंक-पद्धति आज की अंक-पद्धति से भिन्न थी।

अशोक के समय की अंक-पद्धति में शून्य नहीं था। उस समय अभी केवल दस संकेतों से सारी संख्याएँ लिखने की खोज नहीं हुई थी। उस समय 1 से 10 तक की संख्याओं के लिए अलग-अलग संकेत थे। आगे 20, 30, 40, 50..., 100, 200 आदि के लिए भी स्वतंत्र संकेत थे। अशोक के ब्राह्मी लिपि के लेखों में सारे अंक-संकेत देखने को नहीं मिलते। अशोक के

ब्राह्मी लेखों में जो अंक-संकेत मिलते हैं, वे ये हैं :

4 6 50 200

अशोक के ब्राह्मी लेखों के अंक-संकेत

यहाँ हम देखते हैं कि 50 और 200 के लिए केवल एक-एक संकेत हैं और ये भी भिन्न-भिन्न आकार के हैं। अशोक के ब्राह्मी लेखों के सिर्फ इन चार संख्या-संकेतों से उस समय की अंक-पद्धति का स्वरूप पूरी तरह स्पष्ट नहीं होता, लेकिन दो-तीन सदियों बाद के अंक-संकेतों को देखने से स्पष्ट हो जाता है कि अभी शून्य पर आधारित दाशमिक अंक-पद्धति की खोज नहीं हुई थी।

अशोक के बाद जब उसका साम्राज्य टूट गया तो महाराष्ट्र और आँध्र प्रदेश में सातवाहनों का शासन शुरू हुआ था। लगभग उसी समय से उत्तरी महाराष्ट्र में शकों का भी शासन शुरू हुआ। उस समय पश्चिमी महाराष्ट्र में पहाड़ों को काटकर बहुत सारी गुफाएँ बनाई गई थीं। इन गुफाओं में दान से संबंधित लेख भी मिलते हैं। इन लेखों में अंक-संकेत भी पाए जाते हैं। जैसे, नाणेघाट की गुफा में निम्नलिखित अंक-संकेत देखने को मिलते हैं :

1 2 4 6 7 9 10

20 80 100 200 300 400 700

1000 4000 6000 10,000 20,000

नाणेघाट लेखों के अंक-संकेत

यहाँ हम देखते हैं कि 1 से 10 तक के लिए स्वतंत्र संकेत हैं। आगे 20 से 100 तक की दहाइयों के लिए भी स्वतंत्र संकेत हैं। 200, 300, 400 आदि के संकेत 100 के संकेत के साथ 1, 2, 3, 4 आदि के संकेत जोड़कर बनाए गए हैं। 1000 के लिए फिर एक नया संकेत है और हजारों की संख्याएँ इसी संकेत के साथ 1, 2, 3, 4 आदि के संकेत जोड़कर बनाई गई हैं।

अतः स्पष्ट है कि ईसा की पहली सदी तक हमारे देश में शून्य पर आधारित स्थानमान अंक-पद्धति का प्रचलन नहीं था।

अशोक के समय में पश्चिमोत्तर भारत में खरोष्ठी लिपि का व्यवहार होता था। इस लिपि का निर्माण पश्चिमी एशिया की आरमेई लिपि से हुआ था। अशोक ने पश्चिमोत्तर भारत के अपने लेख खरोष्ठी लिपि में खुदवाए थे। इन लेखों में चार अंक-संकेत भी मिलते हैं, जो तिरछी खड़ी रेखाएँ हैं। बाद में शक, कुषाण आदि शासकों ने भी अपने लेखों में इस खरोष्ठी लिपि का इस्तेमाल किया। इन लेखों में अंक-संकेत भी हैं। खरोष्ठी लिपि दाईं ओर से बाईं ओर को लिखी जाती थी, इसलिए उसके अंक-संकेत भी दाईं ओर से बाईं ओर को पढ़े जाते हैं। नीचे हम खरोष्ठी के अंक-संकेत दे रहे हैं :

शक, पार्थव और कुषाणों के अभिलेखों से							अशोक के अभिलेखों से	
ʕ1	100	33	40	IIX	6	I	I	1
ʕII	200	733	50	IIIX	7	II	II	2
ʕIII	300	333	60	XX	8	III		
II37I	122	2333	70	7	10	X	IIII	4
XI373ʕII	274	3333	80	3	20	IX	IIIII	5

खरोष्ठी अंक-संकेत

यहाँ देखिए की संख्या 274 किस प्रकार लिखी गई है। दाईं ओर 200 के तीन संकेत हैं, फिर 70 के चार संकेत हैं और अंत में 4 का संकेत है। इस प्रकार 274 को लिखने के लिए कुल आठ संकेतों का इस्तेमाल हुआ है। स्पष्ट है कि यह शून्य पर आधारित दाशमिक स्थानमान अंक-पद्धति नहीं है।

दरअसल, ईसा पूर्व की पहली सदी तक अभी नई अंक-पद्धति की खोज नहीं हुई थी। संसार के अन्य देशों में तरह-तरह की अंक-पद्धतियों का इस्तेमाल होता था, किंतु नई अंक-पद्धति (दाशमिक पद्धति) के दर्शन कहीं नहीं होते। हमारे देश में भी इस नई अंक-पद्धति के इस्तेमाल के बारे में ईसा की छठी सदी तक ठोस सबूत नहीं मिलते। पहली बार 594 ई. के एक दानपत्र में संख्या 346 को हम इस नई अंक-पद्धति में लिखी हुई देखते हैं।

लेकिन साहित्यिक प्रमाणों से जानकारी मिलती है कि हमारे देश में इस

नई अंक-पद्धति की खोज ईसा की आरंभिक सदियों में हो चुकी थी । पुरानी अंक-पद्धति के स्थान पर इस नई अंक-पद्धति को अपनाने में कई सदियों का समय लगा होगा । पुराने का मोह जल्दी नहीं छूटता । हम जानते हैं कि नई अंक-पद्धति की खोज होने पर भी कुछ अभिलेखों में ईसा की दसवीं सदी तक पुरानी अंक-पद्धति का इस्तेमाल होता रहा । यूरोप के देशों में यह नई अंक-पद्धति नौवीं सदी में पहुँच गई थी, फिर भी यूरोप में पुरानी रोमन तथा यूनानी अंक-पद्धतियों का 1700 ई. तक प्रभुत्व रहा ।

हम नहीं जानते कि भारत में इस नई अंक-पद्धति का आविष्कार ठीक किस समय तथा किस स्थान पर हुआ और किस पंडित ने किया । आज यह सब जानने के लिए हमारे पास साधन नहीं हैं । उपलब्ध साधनों के आधार पर हम सिर्फ यही जान सकते हैं कि अनुमानतः किस सदी में इस नई अंक-पद्धति की खोज हुई होगी ।

हमने देखा है कि वेदों में 'शून्य' शब्द नहीं मिलता । गणना के संदर्भ में शून्य शब्द का प्रयोग **आचार्य पिंगल के छंदःसूत्र** में देखने को मिलता है । यह ग्रंथ ईसा के एक-दो सदी पहले रचा गया था । इसमें छंदों की मात्राओं की गिनती के संदर्भ में 'रूपे शून्यतम्', 'द्विः शून्ये' जैसे शब्द आए हैं । हिसाब कुछ ऐसा है कि यहाँ 'अभाव' या 'घटाने' के अर्थ में शून्य शब्द का प्रयोग हुआ है । लगता है कि उस समय गणना में शून्य की धारणा जन्म ले रही थी । आगे जैन ग्रंथों में और कुछ पुराणों में 'अंकस्थान' शब्द का प्रयोग देखने को मिलता है, जो संभवतः अंकों के स्थानमान का द्योतक है ।

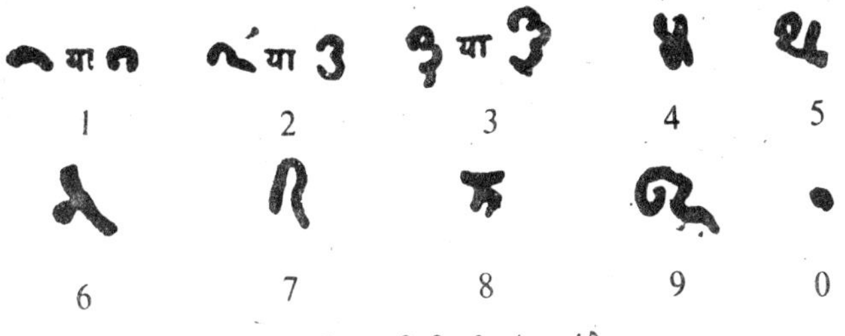

या या या

1 2 3 4 5

6 7 8 9 0

भक्षाली हस्तलिपि के अंक-संकेत

करीब सौ साल पहले पेशावर जिले के भक्षाली गाँव में गणित से संबंधित एक हस्तलिखित पुस्तक मिली थी, जो अब **भक्षाली हस्तलिपि** के नाम से प्रसिद्ध है । यह पुस्तक बाद की शारदा लिपि में लिखी हुई है, परंतु कुछ विद्वानों का मत है कि मूल पुस्तक की रचना ईसा की चौथी-पाँचवीं सदी में हुई होगी । इस पुस्तक में 1 से 10 तक के अंक-संकेत दिए हुए हैं और नई अंक-पद्धति का इस्तेमाल हुआ है । इसमें शून्य के लिए बिंदी के आकार का चिह्न है ।

सब बातों पर विचार करके हम इस परिणाम पर पहुँचते हैं कि ईसा की पहली या दूसरी सदी में शून्य पर आधारित इस नई अंक-पद्धति की खोज हो चुकी थी। 594 ई. के जिस दानपत्र में 346 संख्या नई अंक-पद्धति में लिखी गई है, उसमें शून्य का संकेत नहीं है। लेकिन आठवीं सदी के एक दानपत्र में संख्या 30 में शून्य है और इसे एक छोटे वृत्त के रूप में लिखा गया है।

नई अंक-पद्धति ईसा की सातवीं सदी में दक्षिण-पूर्व एशिया के देशों में भी पहुँच गई थी। सुमात्रा तथा चंपा से ऐसे कुछ अभिलेख मिले हैं जिनमें नई पद्धति के संख्यांकों का प्रयोग हुआ है। भारतीयों के साथ ही यह नई अंक-पद्धति के संख्यांकों का प्रयोग हुआ है। भारतीयों के साथ ही यह नई अंक-पद्धति उन देशों में पहुँची थी।

दक्षिण-पूर्व एशिया के देशों से प्राप्त अभिलेखों में नई अंक-पद्धति में दी गई शकाब्द-सूचक तीन संख्याएँ।

सारांश यह है कि नई अंक-पद्धति की खोज ईसा की पहली-दूसरी सदी में हुई, अभिलेखों में इसका इस्तेमाल छठी सदी से होने लगा और दसवीं सदी के बाद से सिर्फ इसी नई अंक-पद्धति का व्यवहार देखने को मिलता है। इस बीच हमारे देश में गणित व ज्योतिष के बहुत सारे ग्रंथ लिखे गए। लेकिन ये ग्रंथ पद्य में हैं, इसलिए इनमें **शब्दांकों** या **अक्षरांकों** का इस्तेमाल हुआ है, जिनकी जानकारी हम आगे देंगे। अब यहाँ हम देखेंगे कि भारत की इस नई अंक-पद्धति का विदेशों में प्रचार-प्रसार कैसे हुआ।

अरब देशों में भारतीय अंक-पद्धति

अरब देशों के साथ भारत के संबंध बहुत पुराने हैं। ईसा की आरंभिक सदियों में फारस की खाड़ी और सिकंदरिया के बंदरगाह तक भारतीय माल पहुँचता था। लेकिन यह उस समय की बात है जब अभी दक्षिण अरबिया के लोग इस्लाम में दीक्षित नहीं हुए थे और भारत में नई अंक-पद्धति का पूरा विकास नहीं हुआ था।

सन् 622 ई. में अरबिया में इस्लाम की स्थापना होती है। आगे के सौ साल में ही इस्लाम का झंडा पूर्व में भारत की सीमा तक और पश्चिम में स्पेन तक फहराने लगता है। राजधानी बगदाद से खलीफा सारे इस्लामी राज्य

पर शासन करने लग जाते हैं । बगदाद इस्लामी संस्कृति तथा विद्या का केंद्र बन जाता है ।

खलीफा ज्ञान-विज्ञान के प्रेमी थे । उनके शासनकाल में अनेक यूनानी ग्रंथों के अरबी भाषा में अनुवाद हुए हैं । फिर उन्हें भारतीय ज्ञान-विज्ञान की जानकारी मिली । खलीफा अल्-मन्सूर के राज्यकाल (753-774 ई.) में सिंध के किसी राजा के दूत बगदाद पहुँचे थे । उनके साथ कुछ पंडित भी थे । ये पंडित अपने साथ ज्योतिष के ग्रंथ ले गए थे । यह 771 ई. की बात है । खलीफा की आज्ञा से अरबी भाषा में इन ग्रंथों के अनुवाद हुए । बाद में ज्योतिष, गणित तथा चिकित्सा से संबंधित अनेक भारतीय ग्रंथों के अरबी में अनुवाद हुए ।

इसी समय अरबों को भारतीय अंक-पद्धति की जानकारी मिली । अरबों की अपनी लिपि थी, अंक-संकेत भी थे । भारतीय अंक-पद्धति की वैज्ञानिकता को समझकर अरबों ने आरंभ में भारतीय अंक-पद्धति के साथ-साथ भारतीय अंक-संकेतों को भी अपना लिया । भारतीय अंकों को वे **गुबार अंक** कहते थे । गुबार का अर्थ होता है धूल । हमारे देश में पाटी पर धूल बिछाकर उँगली से अंक लिखने का भी रिवाज रहा है, इसलिए गणित के पुराने ग्रंथों में अंकगणित के लिए **धूलिकर्म** शब्द मिलता है । अरबी गणितज्ञों ने आरंभ में अपनी पुस्तकों में भारतीय अंक-संकेतों का इस्तेमाल किया है । देखिए, इनका नमूना :

दसवीं सदी की एक अरबी पुस्तक में गुंबार (भारतीय) अंक

आरंभ में अरब देशों में अरबी तथा गुबार अंक, दोनों का ही इस्तेमाल होता रहा । फिर अरबों ने अपने अरबी अंक-संकेतों को ही पसंद किया । अंक-पद्धति तथा शून्य का संकेत भारतीय थे, परंतु 1 से 9 तक के अंक-संकेत अरबी थे । दरअसल, महत्त्व की चीज थी अंक-पद्धति, न कि अंक-संकेत । देखिए, अरबी अंक-संकेत :

١ ٢ ٣ ٤ ٥ ٦ ٧ ٨ ٩ ٠

अरबी अंक-संकेत । यहाँ शून्य के लिए एक बिंदी है ।

ऐसा लगता है कि भारतीय व्यापारियों के माध्यम से भारतीय अंक-पद्धति की ख्याति सिकंदरिया के बंदरगाह तथा पश्चिमी एशिया के सीरिया आदि देशों में कुछ पहले ही पहुँच गई थी । सातवीं सदी के सीरिया के एक विद्वान

सेवेरस सेबोख्त लिखते हैं—"मैं हिंदवालों के सारे शास्त्रों की चर्चा नहीं करूँगा। मैं उनकी अद्‌भुत गणनाओं के बारे में भी नहीं कहूँगा। मैं सिर्फ यही कहना चाहता हूँ कि यह गणना नौ चिह्नों से होती है।"

शून्य के चिह्न को अंक मानने का रिवाज हमारे यहाँ भी नहीं है। अतः सेबोख्त के नौ चिह्नोंवाली गणना का स्पष्ट अर्थ है : नई स्थानमान अंक-पद्धति। बहुत संभव है कि अरबों को इस भारतीय अंक-पद्धति की जानकारी सबसे पहले सीरिया से ही मिली।

अरबी विद्वानों ने भारतीय अंकों की खूब स्तुति की है। अनेक अरबी गणितज्ञों ने स्पष्ट लिखा है कि उन्हें यह अंक-पद्धति हिंद से प्राप्त हुई है। अंत में अरबों के माध्यम से ही इस भारतीय अंक-पद्धति का यूरोप में प्रचार-प्रसार हुआ।

यूरोप में भारतीय अंक तथा अंक-पद्धति

ईसा की दसवीं-ग्यारहवीं सदी में अरबों ने स्पेन में कई विद्या-केंद्रों की स्थापना की थी। यूरोप के पंडित पुराने यूनानी ज्ञान को भूल चुके थे, परंतु यह ज्ञान अब अरबी ग्रंथों में सुरक्षित था। इसी ज्ञान की खोज में यूरोप के विद्वान अब स्पेन के अरबी विद्या-केंद्रों में पहुँचने लगे। इन विद्या-केंद्रों में, न केवल यूनानी ग्रंथों के, बल्कि भारतीय ग्रंथों के भी अनुवाद उपलब्ध थे। **अल्‌ख्वारिज़्मी** (825 ई.) जैसे प्रख्यात मध्य-एशियाई गणितज्ञों ने भारतीय गणित के आधार पर ग्रंथ लिखे थे और इनमें भारतीय अंक-संकेत तथा अंक-पद्धति की जानकारी दी गई थी। अब इन ग्रंथों के लैटिन भाषा में अनुवाद होने लगे। उसी समय यूरोप के विद्वानों को भारतीय अंक-संकेत, अंक-पद्धति तथा गणित की विधियों के बारे में ठोस जानकारी मिली। ज्ञान-विज्ञान के लिए यूरोप मूरों (यूरोप के अरबों) का कितना ऋणी है, इसके बारे में गणितशास्त्र के प्रसिद्ध इतिहासज्ञ **हूपर** महाशय लिखते हैं :

> "बहुत-सी ऐसी बातें हैं जिनके लिए हम मूरों (अरबों) के कृतज्ञ हैं। उन्होंने औषधि और चिकित्सा-विज्ञान संबंधी बहुत-सी बातें हमें दीं। ...सबसे बड़ी बात यह है कि उन्होंने अंधकार में सोए हुए असभ्य यूरोप में भारत व पूर्व के देशों के ज्ञान का प्रकाश फैलाया। हिंदवालों से सीखी हुई नई अद्‌भुत अंक-पद्धति का उन्होंने ही स्पेन में प्रचार किया। इसी नई अंक-पद्धति ने विज्ञान और इंजीनियरी को तेजी से आगे बढ़ाया है।"

आज अंग्रेजी तथा यूरोप की अन्य भाषाओं के साथ जिन अंक-संकेतों का इस्तेमाल होता है, उन्हें हम भ्रमवश अंग्रेजी या रोमन अंक कहते हैं।

दरअसल, ये भारतीय अंक-संकेत हैं। जो भारतीय अंक-संकेत अरब देशों में पहुँचे थे, उन्हीं का यूरोप के देशों में प्रचार हुआ। देखिए दसवीं सदी की लैटिन की एक पुस्तक में प्रयुक्त अंक-संकेत :

यूरोप में भारतीय अंक (दसवीं सदी)

ये अंक-संकेत अरब देशों में अपनाए गए उन गुबार अंकों से मिलते हैं, जो भारत से अरब देशों में पहुँचे थे। हमारे देश में जब नई अंक-पद्धति का आविष्कार हुआ तो 1 से 9 तक के पुराने अंक-संकेतों को कायम रखा गया और शेष अंक-संकेत छोड़ दिए गए। बाद में यही अंक-संकेत अरब देशों में और यूरोप में पहुँचे। अतः यूरोप में जो अंक-संकेत पहुँचे उनका विकास ब्राह्मी के अंक-संकेतों से हुआ है।

दसवीं सदी के बाद यूरोप के देशों में इन भारतीय अंक-संकेतों का विकास किस प्रकार हुआ, यह नीचे के चित्र से जाना जा सकता है :

1 2 3 4 5 6 7 8 9 0

12वीं सदी

1197 ई.

1275 ई.

1294 ई.

1303 ई.

1360 ई.

1442 ई.

यूरोप में 12वीं से 15वीं सदी तक भारतीय अकां का विकास

पंद्रहवीं सदी में जब यूरोप में पुस्तकें छपने लगीं और अंकों के टाइप बने तो इन अंक-संकेतों को वर्तमान स्थायी रूप मिला। इस प्रकार 1, 2, 3, 4, 5, 6, 7, 8, 9, 0 अंक-संकेत मूलतः भारतीय अंक-संकेत हैं। इसीलिए आज हम इन्हें **भारतीय अंतर्राष्ट्रीय अंक** कहते हैं। यूरोप ने न केवल भारतीय अंक-पद्धति को अपनाया बल्कि भारतीय अंक-संकेतों को भी अपनाया है।

ज्योतिष और गणित का विकास

वैदिक काल के विज्ञान पर विचार करते समय हमने देखा है कि वेदांगों के रूप में गणित व ज्योतिष ने कितनी उन्नति की थी। हमने वेदांग-ज्योतिष और शुल्वसूत्रों के रेखागणित-ज्ञान के बारे में जानकारी प्राप्त की है। हमने यह भी देखा है कि उस समय तक गणित तथा ज्योतिष अपने को धर्म-कर्म से जुदा नहीं कर पाया था।

फिर 499 ई. में लिखा हुआ गणित व ज्योतिष का हम एक ऐसा ग्रंथ देखते हैं जो इन विषयों का एक शुद्ध वैज्ञानिक ग्रंथ है। यह है **आर्यभट** द्वारा रचित **आर्यभटीय** ग्रंथ। आर्यभटीय में गणित व ज्योतिष दोनों ही विषयों का विवेचन है। आगे भी हम देखते हैं कि हमारे देश में गणित व ज्योतिष का अध्ययन साथ-साथ होता रहा है। ज्योतिष के अध्ययन में गणित की जरूरत होती है, इसलिए हमारे देश के गणित-ज्योतिषियों ने इन दोनों विषयों का प्रतिपादन प्रायः एक ही ग्रंथ में किया है।

आर्यभट के बाद हमारे देश में गणित व ज्योतिष के वैज्ञानिक अध्ययन की स्वस्थ परंपरा शुरू होती है। आर्यभट के बाद वराहमिहिर, ब्रह्मगुप्त, महावीराचार्य, श्रीधर, भास्कराचार्य आदि महान गणित-ज्योतिषी हुए। इस प्रकरण में हमें मुख्यतः इन्हीं वैज्ञानिकों के बारे में जानकारी प्राप्त करनी है। परंतु पहले इस काल के वैज्ञानिक विकास की पृष्ठभूमि को समझ लेना जरूरी है।

पिछले प्रकरण में हमने देखा है कि सिकंदर के पहले ही ईरान के माध्यम से हमारा देश यूनानियों के संपर्क में आ गया था। सिकंदर के हमले के बाद हमारा देश यूनानियों के और भी अधिक निकट संपर्क में आया। दोनों ओर से ज्ञान-विज्ञान का आदान-प्रदान हुआ। फिर हमारे देश में शक आए, पार्थव आए, कुषाण आए। ये सब लोग भारतीय संस्कृति में घुल-मिल गए। इनके सहयोग से भारतीय ज्ञान-विज्ञान को नई दिशा मिली। भारतीय विज्ञान की उन्नति का श्रेय किसी एक कौम को देना उचित नहीं है।

इसी प्रकार, ज्ञान-विज्ञान की उन्नति का श्रेय सिर्फ एक ही धर्म के अनुयायियों को नहीं दिया जा सकता। पिछले प्रकरण में हमने देखा है कि आयुर्वेद के विकास में बौद्धों ने खूब योग दिया है। जीवक, नागार्जुन, वाग्भट आदि आयुर्वेदाचार्य बौद्ध थे। विदेशों में आयुर्वेद का प्रचार करने में भी बौद्धों का बड़ा हाथ है। यही बात अन्य विषयों के बारे में भी कही जा सकती है। गणित जैन आचार्यों का प्रिय विषय रहा है। प्रस्तुत प्रकरण में हम देखेंगे कि कई जैनाचार्य महान गणितज्ञ हुए हैं।

भारतीय विज्ञान के विकास के अध्ययन में अनेक कठिनाइयाँ हैं। बहुत-से ग्रंथ नष्ट हो गए हैं। उदाहरणार्थ, वेदांग-ज्योतिष और आर्यभट के बीच में लगभग एक हजार साल का अंतर है। आज हमें ज्योतिष या गणित का ऐसा कोई ग्रंथ नहीं मिलता जो इस कालांतर में लिखा गया हो। लेकिन विविध उल्लेखों से हमें जानकारी मिलती है कि इस काल में अनेक ग्रंथ रचे गए होंगे।

छठी सदी के महान ज्योतिषी वराहमिहिर के **पंचसिद्धांतिका** ग्रंथ से स्पष्ट जानकारी मिलती है कि ईसा से एक-दो सदी पहले और एक-दो सदी बाद हमारे देश में ज्योतिष के कई सिद्धांत-ग्रंथों की रचना हुई थी। पंचसिद्धांतिका में वराह ने पुराने पाँच सिद्धांतों की जानकारी दी है। ये पाँच सिद्धांत हैं : पौलिश, रोमक, वसिष्ठ, सौर और पैतामह। इनमें वसिष्ठ और पितामह के सिद्धांत अधिक प्राचीन थे। पौलिश और रोमक सिद्धांतों की रचना यूनानी ज्योतिष-ज्ञान के प्रभाव के अंतर्गत हुई थी।

लेकिन ज्योतिष के ये पुराने सिद्धांत-ग्रंथ आज नहीं मिलते। आज जो सिद्धांत-ग्रंथ मिलते हैं, वे सब आर्यभट और वराहमिहिर के बाद के रचे गए हैं। पुराने जमाने में हमारे देश में इतिहास लिखने की परंपरा ही नहीं रही है। ग्यारहवीं सदी के मध्य एशिया के महापंडित **अल्-बेरूनी** ने जिस प्रकार अपने ग्रंथ में भारतीय ज्ञान-विज्ञान की ऐतिहासिक जानकारी दी है, वैसी ठोस जानकारी किसी भी भारतीय ग्रंथ में नहीं मिलती।

एक बात और। पुराने जमाने के भारतीय पंडितों ने अपने बारे में जानकारी देने में बड़ी कंजूसी की है। हमारे यहाँ काल्पनिक देवी-देवताओं के बारे में तो बहुत सारी कथाएँ गढ़ी गईं, पुराण लिखे गए, किंतु विद्वानों की जीवनियाँ नहीं लिखी गईं। इसलिए हमारे महान वैज्ञानिकों के जीवन के बारे में हमें ठोस जानकारी नहीं मिलती। हाँ, ज्योतिष के कई ग्रंथों में यह जानकारी मिल जाती है कि वह ग्रंथ किस साल रचा गया। यह इसलिए कि ज्योतिषियों को एक निश्चित तिथि से गणनाएँ आरंभ करनी पड़ती थीं इसलिए उनके ग्रंथों में हमें गणितारंभ की तिथि मिल जाती है।

हम जानते हैं कि आर्यभट के पहले हमारे देश में शून्य पर आधारित

दाशमिक अंक-पद्धति की खोज हो चुकी थी और इसकी जानकारी हम पिछले प्रकरण में दे चुके हैं। **भक्षाली हस्तलिपि**, जिसकी चर्चा हमने पिछले प्रकरण में की है, संभवतः आर्यभट से पहले की रचना है, किंतु निश्चित रूप से कुछ नहीं कहा जा सकता। इसलिए अब हम आर्यभट से ही ज्योतिष व गणित के विकास के सिलसिले को शुरू करते हैं।

आर्यभट

आर्यभट की केवल एक पुस्तक मिलती है—**आर्यभटीय**। उन्होंने और पुस्तकों की भी रचना की होगी, पर वे आज नहीं मिलतीं। आर्यभटीय के एक श्लोक में आर्यभट जानकारी देते हैं कि उन्होंने इस पुस्तक की रचना कुसुमपुर में की है और उस समय उनकी आयु 23 साल की थी। वे लिखते हैं:

> "कलियुग के 3600 वर्ष बीत चुके हैं और मेरी आयु 23 साल की है, जब कि मैं यह ग्रंथ लिख रहा हूँ।"

भारतीय ज्योतिष की परंपरा के अनुसार **कलियुग** का आरंभ ईसा पूर्व 3101 में हुआ था। इस हिसाब से 499 ई. में **आर्यभटीय** की रचना हुई। अतः आर्यभट का जन्म 476 ई. में हुआ।

आधुनिक पटना शहर का पुराना नाम पाटलिपुत्र था। उसे पुष्पपुर और संभवतः कुसुमपुर भी कहते थे। अतः अनेक विद्वानों का मत है कि आर्यभट का कुसुमपुर आधुनिक पटना ही है। पर कई विद्वान इस मत को स्वीकार नहीं करते। आर्यभट के ग्रंथ का दक्षिण भारत में अधिक प्रचार रहा है और इस ग्रंथ की हस्तलिखित प्रतियाँ मलयालम लिपि में मिली हैं। इसलिए संभव यही जान पड़ता है कि आर्यभट कर्नाटक या केरल के निवासी रहे होंगे।

बस, आर्यभट के जीवन के बारे में इससे अधिक जानकारी हमें नहीं मिलती!

आर्यभटीय बहुत छोटा ग्रंथ है। मंगलाचरण के अलावा इसमें कुल मिलाकर 118 श्लोक हैं। लेकिन इतने में ही आर्यभट ने गणित व ज्योतिष के प्रमुख विषयों का समावेश कर दिया है, मानो गागर में सागर भर दिया हो। ग्रंथ को चार भागों में बाँटा गया है। आरंभ के दस श्लोक **दशगीतिक** कहलाते हैं। शेष 108 श्लोक आर्या छंद में हैं, इसलिए **आर्याष्टशतम्** कहलाते हैं। इसके तीन भाग हैं: **गणित, कालक्रिया** और **गोल**।

गणित व ज्योतिष में बड़ी-बड़ी संख्याओं की जरूरत पड़ती है।

संख्याओं को अंक-संकेतों में लिखा जा सकता है और शब्दों में भी । लेकिन पद्य में अंक-संकेतों को लिखना संभव नहीं । पद्य में केवल शब्दों को ही लिखा जा सकता है । हमारे देश में गणित व ज्योतिष के ग्रंथ पद्य में लिखे गए हैं, इसलिए संख्याओं को शब्दों में लिखने की अनेक **शब्दांक**- पद्धतियाँ अस्तित्व में आईं । जैसे, हमारे शरीर में दो हाथ, दो आँखें, दो कान आदि हैं, इसलिए हस्त, कर्ण या चक्षु शब्दों से 2 का बोध होता था । इसी प्रकार, वेद, युग इत्यादि शब्दों से 4 का और ऋतु, रस आदि शब्दों से 6 का बोध होता था । उदाहरणार्थ, **ख-लोक-कर्ण-चंद्र** शब्द-समूह का अर्थ होगा 1230 । शब्दांकों का क्रम उलटा रहता था, अर्थात् शब्दांकों की शुरुआत इकाई से होती थी ।

आर्यभट ने एक नई अंक-पद्धति खोज निकाली । उन्होंने शब्दों के झमेले में न पड़कर वर्णमाला के अक्षरों को संख्याओं के मान दिए । इस प्रकार उन्होंने एक **अक्षरांक-पद्धति** को जन्म दिया । इस पद्धति के अनुसार, उन्होंने **क** से **म** तक के 25 वर्णाक्षरों (व्यंजनों) को क्रमशः 1 से 25 तक संख्यामान दिए । आगे य = 30, र = 40, ल = 50, व = 60, श = 70, ष = 80, स = 90, ह = 100 । और स्वराक्षरों को उन्होंने शतगुणोत्तर मान दिए; जैसे, अ = 1, इ = 100, उ = 10,000, ऋ = 10,00,000 इत्यादि ।

इस प्रकार किसी भी संख्या को अक्षरों की योजना में व्यक्त करना संभव हुआ । उदाहरणार्थ, आर्यभट ने एक महायुग (चार युगों) में सूर्य के भगणों की संख्या 'ख्युघृ' दी है । उपर्युक्त अक्षरांक-पद्धति के अनुसार 'ख्युघृ' का अर्थ होगा 43,20,000 ।

क्योंकि,			
	खु = ख् + उ =	2 × 10,000 =	20,000
	यु = य् + उ =	30 × 10,000 =	3,00,000
	घृ = घ् + ऋ =	4 × 10,00,000 =	40,00,000
	ख्युघृ		=43,20,000

इस अक्षरांक-पद्धति में शब्द छोटे बनते हैं, लेकिन इसके प्रयोग में अनेक कठिनाइयाँ हैं । कुछ शब्दों का तो उच्चारण ही नहीं किया जा सकता । इसलिए बाद के गणितज्ञों ने आर्यभट की इस अक्षरांक-पद्धति को न अपनाकर नई-नई अक्षरांक-पद्धतियों को जन्म दिया ।

यूनानी लोगों के पास स्वतंत्र अंक-संकेत नहीं थे । वे अपनी वर्णमाला के अक्षरों से ही संख्याओं को व्यक्त करते थे । अतः यह संभव है कि आर्यभट को इस अक्षरांक-पद्धति को जन्म देने की प्रेरणा यूनानी अक्षरांक-पद्धति से मिली हो । जो भी हो, भारत में आर्यभट संभवतः पहले गणितज्ञ थे जिन्होंने

एक अक्षरांक-पद्धति को जन्म दिया । अपने ग्रंथ के आरंभ में केवल एक श्लोक में ही उन्होंने इस अक्षरांक-पद्धति के सारे नियम स्पष्ट कर दिए हैं ।

आर्यभटीय के **गणितपाद** में, मंगलाचरण के अलावा, केवल 32 श्लोक हैं । परंतु इतने ही श्लोकों में आर्यभट ने अंकगणित, रेखागणित, त्रिकोणमिति तथा बीजगणित के अनेक नियम लिख दिए हैं । इस पुस्तक के प्रथम प्रकरण में हमने बताया है कि किस प्रकार आधुनिक त्रिकोणमिति का 'साइन्' शब्द संस्कृत के 'जीवा' शब्द से बना है । विषय कुछ कठिन होने से यहाँ त्रिकोणमिति के बारे में हम अधिक नहीं बता सकते । इतना ही जानना पर्याप्त होगा कि आधुनिक त्रिकोणमिति आर्यभट द्वारा खोजी गई विधियों पर आधारित है ।

वृत्त की परिधि तथा इसके व्यास के अनुपात को आज हम π से व्यक्त करते हैं । हम यह भी जानते हैं कि इस अनुपात का सही-सही मान प्राप्त नहीं हो सकता । इसीलिए हम इसका सन्निकट मान लेते हैं 22/7 या 3.1416 । पुराने जमाने के गणितज्ञ π का सूक्ष्म मान नहीं जानते थे, परंतु आर्यभट ने गणितपाद के एक श्लोक में वृत्त की परिधि तथा इसके व्यास के अनुपात का मान दिया है । इसके अनुसार, 62832/20000 = 3.1416 ।

बीजगणित में समीकरणों को हल करना पड़ता है । एक विशेष प्रकार के समीकरण को **कुट्टक** कहा जाता था । आर्यभट ने ऐसे समीकरणों को हल करने की विधि दी है । गणितशास्त्र को आर्यभट की यह एक महान देन है । 'कुट्टक' शब्द संभवतः कन्नड़ भाषा की 'कुट्टु' धातु से बना है, जिसका अर्थ होता है 'कूटना' । बार-बार भाग देकर ये समीकरण हल किए जाते थे, इसीलिए इन्हें कुट्टक नाम दिया गया । बाद में ब्रह्मगुप्त आदि गणितज्ञों ने इस कुट्टक गणित को आगे बढ़ाया । बाद के एक टीकाकार ने आर्यभट को 'कुट्टकाचार्य' कहा है ।

प्राचीन काल में पृथ्वी को स्थिर माना जाता था । पर आर्यभट ने कहा कि पृथ्वी गोल (भूगोल) है और यह अपने अक्ष पर घूमती है, यानी इसकी दैनंदिन गति है । ऐसा कहनेवाले हमारे देश के एकमात्र ज्योतिषी आर्यभट ही थे । आज हम जानते हैं कि आर्यभट का कथन सही है । परंतु आर्यभट ने यह नहीं कहा था कि पृथ्वी सूर्य की परिक्रमा करती है ।

आर्यभट ग्रहणों के असली कारण को जानते थे । उन्होंने स्पष्ट लिखा है : चंद्र जब सूर्य को ढक लेता है और इसकी छाया पृथ्वी पर पड़ती है तो सूर्य-ग्रहण होता है । इसी प्रकार, पृथ्वी की छाया जब चंद्र को ढक लेती है तो चंद्र-ग्रहण घटित होता है ।

इस प्रकार हम देखते हैं कि आर्यभट ने गणित-ज्योतिष के अध्ययन की एक स्वस्थ परंपरा को जन्म दिया था । आर्यभटीय भारतीय विज्ञान की एक

महान कृति है। आर्यभट के समय में हमारा देश गणित-ज्योतिष के क्षेत्र में किसी भी अन्य देश से पीछे नहीं था। आधुनिक त्रिकोणमिति तथा बीजगणित की कई विधियों की खोज आर्यभट ने की थी। उनका आर्यभटीय ग्रंथ एक वैज्ञानिक ग्रंथ है।

आर्यभट नाम के एक और ज्योतिषी हुए हैं। उनका समय ईसा की दसवीं सदी है। उनका **आर्यसिद्धांत** नामक एक ग्रंथ भी मिलता है, परंतु वे पहले आर्यभट-जैसे प्रसिद्ध नहीं हैं।

वराहमिहिर

प्रथम आर्यभट के बाद हमारे देश में वराहमिहिर एक प्रख्यात ज्योतिषी हुए। वराह को आर्यभट की कोटि का वैज्ञानिक नहीं माना जा सकता, फिर भी हमारे देश में वराह को ही सबसे अधिक प्रसिद्धि मिली है। इसके कुछ कारण हैं।

वराह बहुत बड़े पंडित थे। उन्होंने छोटे-बड़े अनेक ग्रंथों की रचना की, जिनका पठन-पाठन होता रहा। उनके कुछ छोटे ग्रंथ, जो उनके बड़े ग्रंथों के लघु संस्करण हैं, खूब प्रसिद्ध हुए और आज भी पढ़े जाते हैं। वराह के ग्रंथ बहुतों की जीविका के साधन बन गए। फलित-ज्योतिषी आज भी वराह के ग्रंथों का उपयोग करते हैं। आर्यभट का ग्रंथ शुद्ध गणित-ज्योतिष का ग्रंथ होने पर भी आज के संदर्भ में उसके पठन-पाठन की कोई उपयोगिता नहीं रह गई है। परंतु वराह के ग्रंथ मुख्यतः फलित-ज्योतिष से संबंधित हैं, इसलिए आज के फलित-ज्योतिषियों को उन्हें पढ़ना पड़ता है।

वराह की प्रसिद्धि का एक और कारण है। बहुत बाद में किसी पंडित ने महाकवि कालिदास के नाम से 'ज्योतिर्विदोभरण' नाम से एक जाली पोथी लिखी। इस पोथी के एक श्लोक में उसने लिखा कि धन्वंतरि, अमरसिंह, कालिदास, वराहमिहिर आदि विद्वान 'विक्रमादित्य' के दरबार के नवरत्न थे। इस श्लोक को खूब प्रसिद्धि मिली। लेकिन आज हम जानते हैं कि ये सभी विद्वान एक समय में नहीं हुए।

वराहमिहिर के जीवन के बारे में हमें ठोस जानकारी नहीं मिलती। 'वराह' शब्द का अर्थ है 'सूअर' और 'मिहिर' शब्द प्राचीन ईरानी भाषा के मिथ्र (सूर्य देवता) शब्द से बना है। वराह सूर्य के भक्त थे। उनके प्रायः सभी ग्रंथों के मंगलाचरणों में सूर्य की स्तुति है। उनके पिता का नाम आदित्यदास था और संभवतः वे ही उनके गुरु थे।

हमने बताया है कि करीब दो हजार साल पहले इस देश में बड़ी संख्या में शक, पार्थव आदि लोग आए थे। इनका पहला पड़ाव सिंध प्रांत में रहा।

पुराने साहित्य में उस प्रदेश के लिए 'शकद्वीप' नाम मिलता है। इन शकों ने भारत में सूर्यपूजा को बढ़ावा दिया। सूर्य की मूर्तियाँ बनीं, बहुत सारे मंदिर बने। मग कुल के ब्राह्मणों का सूर्य की पूजा से विशेष संबंध था। वराहमिहिर मग ब्राह्मणों के कुल में ही पैदा हुए थे। कुछ विद्वानों का यह भी मत है कि वराहमिहिर भारत में आकर बसी हुई किसी विदेशी कौम से संबंधित थे।

वराह के एक ग्रंथ से जानकारी मिलती है कि वे अवंती (उज्जयिनी) के निवासी थे और कापित्थक गाँव के सूर्य का उन्हें वर-प्रसाद मिला था। स्वयं वराह ने अपने को 'आवंत्यक' कहा है और उनके ग्रंथों के प्रख्यात टीकाकार **उत्पल** ने उन्हें 'आवंतिकाचार्य' कहा है। अतः कापित्थक गाँव उज्जयिनी के आसपास ही रहा होगा।

वराह ने अपनी जन्मतिथि के बारे में स्पष्ट जानकारी नहीं दी है। उनके 'पंचसिद्धांतिका' ग्रंथ में सिर्फ इतनी जानकारी मिलती है कि उन्होंने इस ग्रंथ की रचना शक-काल 427 में की थी। शक-संवत् में 78 वर्ष जोड़ने से ईसवी सन् प्राप्त होता है। अतः हम इस परिणाम पर पहुँचते हैं कि वराह ने इस ग्रंथ की रचना 505 ई. में की थी। बाद के एक उल्लेख से जानकारी मिलती है कि वराह की मृत्यु 587 ई. में हुई थी। पंचसिद्धांतिका ग्रंथ की रचना के समय वराह की आयु कम-से-कम बीस साल अवश्य रही होगी। इससे परिणाम निकलता है कि वराह सौ से अधिक साल जीवित रहे। परंतु अनेक विद्वान वराह की इस मृत्यु-तिथि में यकीन नहीं करते।

संक्षेप में हम कह सकते हैं कि आर्यभट और वराह का समय लगभग एक ही है। 500 ई. के आसपास ये दोनों ज्योतिषी अपनी तरुणावस्था में थे। वराह ने अपने ग्रंथ में आर्यभट का उल्लेख किया है।

'पुराने जमाने में ज्योतिषशास्त्र के तीन अंग (स्कंद) माने गए थे : **तंत्र** (गणित-ज्योतिष), **होरा** (जन्मकुंडली, विवाह, यात्रा आदि से संबंधित फलित-ज्योतिष) **और संहिता** (दैनंदिन जीवन से संबंधित फलित-ज्योतिष)। वराह स्वयं जानकारी देते हैं कि उन्होंने ज्योतिष की इन तीनों शाखाओं पर ग्रंथ रचे हैं।

वराह के **पंचसिद्धांतिका** ग्रंथ की जानकारी हम पहले दे चुके हैं। यह ज्योतिष की तंत्र शाखा का ग्रंथ है। भारतीय विज्ञान के इतिहास की दृष्टि से वराह का यह ग्रंथ विशेष महत्त्व का है। वराह के पहले हमारे देश में ज्योतिष के जिन पाँच सिद्धांतों की रचना हुई थी, उनके बारे में केवल इसी ग्रंथ में जानकारी मिलती है। वराह के इस ग्रंथ को आधुनिक काल के पंडितों ने बड़ी कठिनाई से खोज निकाला है।

वराह के होरा शाखा के ग्रंथ हैं : **बृहज्जातक**, **वृहद्विवाहपटल** और

बृहद्यात्रा । इनके लघु संस्करण हैं : **लघुजातक, स्वल्पविवाहपटल** और **स्वल्पयात्रा** । इनमें **बृहज्जातक** और **लघुजातक** ग्रंथ खूब प्रसिद्ध हुए और फलित-ज्योतिषी आज भी इनका इस्तेमाल करते हैं ।

वराह का लिखा हुआ संहिता शाखा का प्रख्यात ग्रंथ है **बृहत्संहिता** । इसे **वाराही संहिता** भी कहते हैं । इस ग्रंथ में उचित-अनुचित तथा शुभ-अशुभ व्यवहारों का विस्तृत विवेचन है, जिनमें ढेर सारे परंपरागत अंधविश्वासों का भी समावेश है । फिर भी यह ग्रंथ अत्यंत महत्त्व का है । इस ग्रंथ में वराह ने स्थापत्य, मूर्तिकला, तत्कालीन भारत के भूगोल और सामाजिक, आर्थिक एवं धार्मिक जीवन के बारे में विस्तृत जानकारी दी है । इस दृष्टि से वराह का यह ग्रंथ एक प्रकार का महाकोश ही है ।

बृहत्संहिता तथा वराह के कुछ अन्य ग्रंथों के प्रख्यात टीकाकार हैं **उत्पल (भटोत्पल)** । इनका समय ईसा की दसवीं सदी है और ये संभवतः कश्मीर के निवासी थे । उत्पल बहुत बड़े पंडित थे । पुराने ग्रंथों का उन्होंने गहन अध्ययन किया था । इसीलिए बृहत्संहिता की टीका में उन्होंने पुराने ग्रंथों से बहुत सारे उद्धरण दिए हैं, जिससे इस ग्रंथ का महत्त्व और अधिक बढ़ गया है ।

अल्बेरूनी की चर्चा हम पहले कर चुके हैं । वे संस्कृत भाषा और ज्योतिष-शास्त्र के पंडित थे । अल्बेरूनी ने वराह के बृहत्संहिता तथा लघुजातक ग्रंथों का अरबी में अनुवाद किया था, परंतु आज ये अनुवाद उपलब्ध नहीं हैं ।

ब्रह्मगुप्त

ब्रह्मगुप्त के दो ग्रंथ मिलते हैं : **ब्राह्मस्फुट-सिद्धांत** और **खंडखाद्य** । ब्राह्मस्फुट-सिद्धांत के एक श्लोक में ब्रह्मगुप्त जानकारी देते हैं कि उन्होंने इस ग्रंथ की रचना शक-संवत् 550 (628 ई.) में की है और उस समय उनकी आयु 30 साल की थी । अर्थात्, ब्रह्मगुप्त का जन्म 598 ई. में हुआ था ।

ब्रह्मगुप्त के पिता का नाम जिष्णु था और वे भिन्नमाल के निवासी थे । यह भिन्नमाल या भिल्लमाल नगरी उस समय गुजरात की राजधानी थी । ब्रह्मगुप्त के समय में वहाँ चापवंश के किसी व्याघ्रमुख राजा का शासन था । ब्रह्मगुप्त को 'भिल्लमालकाचार्य' भी कहा गया है ।

ब्रह्मगुप्त के पहले 'ब्रह्मसिद्धांत' के नाम से ज्योतिष के कुछ ग्रंथों की रचना हुई थी । ब्रह्मगुप्त ने अपना ग्रंथ उसी परंपरा में लिखा है । 'स्फुट' शब्द का अर्थ होता है 'फैला हुआ' या 'विस्तृत' । इसलिए 'ब्राह्मस्फुट-

सिद्धांत' का अर्थ होगा 'विस्तृत ब्रह्मसिद्धांत'।

ब्राह्मस्फुट-सिद्धांत गणित-ज्योतिष का ग्रंथ है। इस ग्रंथ में कुल 24 अध्याय हैं। आरंभ के दस अध्यायों में ज्योतिष से संबंधित जानकारी है और शेष अध्यायों में गणित एवं अन्य बातों की जानकारी है।

ज्योतिष के मामले में ब्रह्मगुप्त ने दूसरों का अंधानुकरण नहीं किया है। इससे पता चलता है कि उन्होंने आकाश की ज्योतियों की गतियों का स्वयं अध्ययन किया था, अर्थात् वे एक कुशल वेधकर्त्ता थे। ब्रह्मगुप्त ने ज्योतिष के कुछ यंत्रों के बारे में भी जानकारी दी है।

ब्रह्मगुप्त उच्चकोटि के गणितज्ञ थे। अपने ग्रंथ के बारहवें अध्याय में उन्होंने अंकगणित व क्षेत्रफल के विषय दिए हैं। अठारहवें अध्याय का नाम 'कुट्टकाध्याय' है। पहले हम बता चुके हैं कि **कुट्टक** का अर्थ है, विशेष प्रकार के समीकरणों को हल करना। अतः व्यापक रूप से कुट्टक का अर्थ होगा : बीजगणित। ब्रह्मगुप्त या उनके पहले के गणितज्ञों ने 'बीजगणित' शब्द का इस्तेमाल नहीं किया है।

ब्रह्मगुप्त ने न केवल बीजगणित (कुट्टक) से संबंधित अनेक बातों की जानकारी दी है बल्कि ज्योतिष से संबंधित सवालों को हल करने के लिए उन्होंने बीजगणित की विधियों का व्यवहार भी किया है।

प्राचीन यूनान के गणितज्ञों ने रेखागणित के विकास को चरमोन्नति पर पहुँचा दिया था, परंतु बीजगणित में वे उतने आगे नहीं थे। बीजगणित के सवालों को वे रेखागणित की विधियों से हल करते। लेकिन भारतीय गणितज्ञों ने त्रिकोणमिति तथा बीजगणित को खूब आगे बढ़ाया। त्रिकोणमिति के विकास का श्रेय आर्यभट को है, तो बीजगणित के विकास का ब्रह्मगुप्त को।

ब्रह्मगुप्त के दूसरे ग्रंथ का नाम खंडखाद्य है। यह करण ग्रंथ है। अर्थात्, इस ग्रंथ में पंचांग बनाने की विधियों की जानकारी है। ब्रह्मगुप्त ने इस ग्रंथ की रचना 665 ई. में की और उस समय उनकी आयु 67 साल की थी।

हम बता चुके हैं कि इस्लाम के उदय के बाद खलीफाओं के शासनकाल में बगदाद में एक विद्याकेंद्र की स्थापना हुई थी। जानकारी मिलती है कि खलीफा अल्-मन्सूर के शासनकाल में, 770 ई. के आसपास, उज्जयिनी के **कंक** या **मंक** नामक एक पंडित बगदाद पहुँचे थे और उन्होंने अरबों को भारतीय गणित एवं ज्योतिष के बारे में जानकारी दी थी। वे अपने साथ ब्रह्मगुप्त के ग्रंथ ले गए थे। वहाँ खलीफा की आज्ञा से इन ग्रंथों का अरबी भाषा में अनुवाद हुआ।

अरब देशों में भारतीय गणित-ज्योतिष के दो ग्रंथ खूब प्रसिद्ध रहे। ये

हैं : **सिंद-हिंद** और **अल्-अरकंद** । आज ये ग्रंथ नहीं मिलते । पर इतना निश्चित है कि ब्रह्मगुप्त के **ब्राह्मस्फुट-सिद्धांत** का अरबी अनुवाद ही **सिंद-हिंद** था और **अल्-अरकंद** संभवतः उनके **खंडखाद्य** का अनुवाद था । इन ग्रंथों का उस समय अरबी में अनुवाद हुआ था, जब अभी अरबों को यूनानी ज्योतिष की जानकारी नहीं मिली थी, अभी वे **तालेमी** (150 ई.) के ज्योतिष-ग्रंथ से परिचित नहीं थे । इस प्रकार, ब्रह्मगुप्त के ग्रंथों के माध्यम से अरबों को पहली बार भारतीय ज्योतिष की जानकारी मिली ।

मध्य एशिया के प्रख्यात गणित-ज्योतिषी एवं भारतविद् अल्बेरूनी (973-1048 ई.)

(चित्र : सोवियत 'बाल विश्वकोश' से साभार)

हम बता चुके हैं कि **अल्बेरूनी** वराहमिहिर के दो ग्रंथों का अरबी में अनुवाद किया था । अल्बेरूनी ने ब्रह्मगुप्त के ब्राह्मस्फुट-सिद्धांत का भी अनुवाद किया था और अपने **भारत** नामक ग्रंथ में उन्होंने ब्रह्मगुप्त के बारे में जानकारी भी दी है । ब्रह्मगुप्त ने अपने ग्रंथ में दूसरे ज्योतिषियों के दोष दिखाने के लिए एक स्वतंत्र अध्याय—**दूषणाध्याय**—लिखा है । इसमें उन्होंने आर्यभट के भी दोष दिखाए हैं, जो वस्तुतः दोष नहीं हैं । जैसे, आर्यभट ने ग्रहणों के घटित होने के वैज्ञानिक कारण बतलाए हैं, परंतु

ब्रह्मगुप्त राहु-केतु की कल्पना में भी विश्वास रखते थे। आर्यभट को दोष देने के लिए अल्बेरूनी ने ब्रह्मगुप्त की कटु आलोचना की है। वे लिखते हैं कि, ब्राह्मण-पुरोहितों के दबदबे में आकर ब्रह्मगुप्त ने फिजूल ही आर्यभट की आलोचना की है।

हम पहले भी बता चुके हैं कि भारतीय विज्ञान के इतिहास में **अल्बेरूनी** के ग्रंथ का बड़ा महत्त्व है। इसलिए उनके बारे में कुछ और बातें जान लेना उपयोगी होगा। अल्बेरूनी प्राचीन ख्वारेज़्म (आधुनिक खीवा, उजबेकिस्तान, सोवियत संघ) के निवासी थे। उनका जन्म 973 ई. में हुआ था और मृत्यु 1048 ई. में। भारत पर हमला करके लूट मचानेवाले **महमूद गज़नी** (997-1030 ई.) ने ख्वारेज़्म के राज्य को भी अपने साम्राज्य में मिला लिया था। तरुण अल्बेरूनी बंदी बनकर गज़नी आए।

अल्बेरूनी और महमूद गज़नी के संबंध अच्छे नहीं थे। उनके समय के महाकवि **फिरदौसी** भी महमूद से रुष्ट थे। अल्बेरूनी ने भारत के बारे में जानकारी प्राप्त करने के लिए सिंध, मुलतान, कश्मीर आदि प्रदेशों की यात्राएँ कीं। अंत में उन्होंने भारत के बारे में एक ग्रंथ की रचना की। इस ग्रंथ में तत्कालीन भारत के ज्ञान-विज्ञान के बारे में जितनी जानकारी मिलती है, उतनी अन्य किसी ग्रंथ में नहीं मिलती। अल्बेरूनी अरब नहीं थे। उन्होंने कट्टर हिंदुओं की, कट्टर अरबों की तथा महमूद की लूट-खसोट की तीव्र आलोचना की है। अल्बेरूनी ने भारतीय विद्या का काफी हद तक सही मूल्यांकन किया है।

हमनें देखा है कि ब्रह्मगुप्त के ग्रंथों से अरबों को पहली बार भारतीय ज्योतिष की जानकारी मिली थी। आधुनिक यूरोप के विद्वानों को भी भारतीय गणित एवं ज्योतिष के बारे में सबसे पहले ब्रह्मगुप्त और भास्कराचार्य के ग्रंथों से ही जानकारी मिली है। **कोलब्रुक** महाशय ने 1817 ई. में पहली बार ब्राह्मस्फुट-सिद्धांत के अंकगणित तथा बीजगणित से संबंधित अध्यायों का अंग्रेजी में अनुवाद किया था। यूरोप के विद्वानों को प्राचीन भारत के विकसित गणित के बारे में पहली बार जानकारी मिली। तदनंतर यूरोप के अनेक संस्कृतज्ञ भारतीय गणित-ज्योतिष के अध्ययन में जुट गए।

बाद के भारतीय गणित-ज्योतिषियों ने ब्रह्मगुप्त की खूब स्तुति की है। उनके ब्राह्मस्फुट-सिद्धांत पर **पृथूदक स्वामी** (दसवीं सदी) ने टीका लिखी। **वरुण** और **भटोत्पल** ने खंडखाद्य पर टीकाएँ लिखीं। बारहवीं सदी के महान गणितज्ञ **भास्कराचार्य** ने ब्रह्मगुप्त को 'महामतिमान शास्त्रकार' और 'गणकचक्रचूड़ामणि' कहा है। इससे स्पष्ट होता है कि प्राचीन भारत में ब्रह्मगुप्त की बड़ी ख्याति थी।

श्रीधर

ईसा की आठवीं सदी में श्रीधराचार्य नाम के एक गणितज्ञ हुए। उनका **पाटीगणितसार** नामक एक ग्रंथ मिलता है। उस समय अंकगणित को **पाटीगणित** कहते थे। श्रीधर का यह ग्रंथ **त्रिशतिका** नाम से भी प्रसिद्ध है, क्योंकि इसमें 300 श्लोक हैं। यह मुख्यतः अंकगणित व क्षेत्रगणित का ग्रंथ है।

श्रीधर के जीवन के बारे में हमें कोई ठोस जानकारी नहीं मिलती। श्रीधर नाम के एक न्यायाचार्य भी हुए हैं। उनका **न्यायकंदली** नामक ग्रंथ मिलता है। न्यायाचार्य श्रीधर दक्षिण भारत के निवासी थे। पर निश्चित रूप से नहीं कहा जा सकता है कि न्यायाचार्य श्रीधर और गणितज्ञ श्रीधर एक ही व्यक्ति थे।

महावीराचार्य

गणित जैन मुनियों का प्रिय विषय रहा है। कारण यह है कि जैनों के धार्मिक साहित्य में गणित को विशेष महत्त्व दिया गया है। जैन साहित्य का एक उपांग ही है **गणितानुयोग**। जैनों के करणानुयोग साहित्य के अंतर्गत **सूर्य प्रज्ञप्ति, चंद्र प्रज्ञप्ति, जंबूद्वीप प्रज्ञप्ति**-जैसे अनेक ग्रंथों की रचना हुई, जिनमें विश्व की संरचना के बारे में तरह-तरह की कल्पनाएँ प्रस्तुत की गई हैं। इस विवरण में गणित की क्रियाओं का इस्तेमाल हुआ है।

प्राचीन जैन साहित्य में गणित के अध्ययन को विशेष महत्त्व दिया गया है। जैन मुनियों को जीविकोपार्जन की चिंता नहीं रहती, इसलिए गणित के अध्ययन में वे अपना ध्यान केंद्रित कर सकते हैं। जैन मुनियों ने अंकगणित, विशेषतः संख्याशास्त्र के विकास में खूब योग दिया है। आज भी कई जैन मुनियों को गणनाएँ करते हुए देखा जा सकता है। प्राचीन जैन ग्रंथों में बड़ी-बड़ी संख्याओं के उल्लेख भी मिलते हैं। यह दिमागी कसरत थी। आज भी कुछ जैन मुनि अंकगणित के 'चमत्कारों' से अपने अनुयायियों को प्रभावित करते रहते हैं।

ईसा की नौवीं सदी में हमारे देश में महावीराचार्य एक प्रसिद्ध गणितज्ञ हुए। वे राष्ट्रकूट राजा अमोघवर्ष के आश्रित थे। ईसा की आठवीं सदी में महाराष्ट्र और आंध्र तथा कर्नाटक के उत्तरी प्रदेशों में राष्ट्रकूटों का राज्य स्थापित हुआ था। अमोघवर्ष (814—880 ई.) प्रख्यात राष्ट्रकूट राजा हुआ। वह स्वयं विद्वान था और जैन धर्म का अनुयायी। उसकी राजधानी मान्यखेट में थी। जैन धर्म का उदय मगध (बिहार) में हुआ था, परंतु बाद में

यह धर्म मगध से लुप्त हो गया और पश्चिम तथा दक्षिण भारत में खूब फला-फूला। जैनों ने कन्नड़ साहित्य की वृद्धि में बड़ा योग दिया है।

महावीराचार्य का **गणितसार-संग्रह** नामक एक ग्रंथ मिलता है। यह ग्रंथ एक प्रकार की पाठ्य-पुस्तक है और इसका विषय अंकगणित है। इसमें बीजगणित के सवाल भी हैं। महावीर को आर्यभट या ब्रह्मगुप्त की कोटि का गणितज्ञ नहीं माना जा सकता, पर उन्होंने गणित को शुद्ध एवं व्यवस्थित विधि से प्रस्तुत किया है। गणितसार-संग्रह विशुद्ध गणित का ग्रंथ है।

महावीराचार्य ने गुणन की क्रिया के बड़े रोचक उदाहरण दिए हैं। नीचे की गुणन-क्रियाओं में जो संख्याएँ प्राप्त होती हैं उनमें दाईं व बाईं ओर से अंकों का क्रम एक-सा है :

27994681 × 441 = 12345654321,
333333666667 × 33 = 11000011000011,
142857143 × 7 = 1000000001
152207 × 73 = 11111111 इत्यादि।

इन गुणनफलों को महावीर ने बड़े सुंदर नाम दिए हैं, जो संक्षिप्त हैं। जैसे, 12345654321 को उन्होंने **एकादिषडंतानि क्रमेण हीनानि** कहा है, अर्थात् ऐसी संख्या जो पहले 1 से 6 तक बढ़ती है और फिर उसी क्रम से घटती है।

गणितसार-संग्रह में बीजगणित के भी उदाहरण मिलते हैं। वर्ग-समीकरण से संबंधित उदाहरण भी हैं। महावीराचार्य संभवतः पहले गणितज्ञ हैं, जिन्होंने **क्रमचय व संचय** के लिए एक व्यापक सूत्र दिया है।

प्राचीन यूनान के महान गणितज्ञ **एपोलोनियस** (लग. 262-170 ई.पू.) ने उस **शांकव गणित** (कॉनिक्स) को जन्म दिया था, जिसमें दीर्घवृत्त, परवलय आदि वक्रों का अध्ययन किया जाता है। यूरोप के महान गणित-ज्योतिषी **केपलर** (1571-1630 ई.) ने ग्रहों की गतियों को निर्धारित करने में इन वक्रों का उपयोग किया।

हमारे देश में महावीराचार्य एकमात्र गणितज्ञ हैं, जिन्होंने संक्षेप में दीर्घवृत्त की चर्चा की है। दीर्घवृत्त को उन्होंने **आयतवृत्त** कहा है और इसके क्षेत्रफल के लिए एक सूत्र भी दिया है, जो अशुद्ध है।

महावीराचार्य विशुद्ध गणित के प्रेमी थे। हमारे देश में ज्योतिष व गणित का अध्ययन साथ-साथ होता रहा है और प्रायः एक ही ग्रंथ में इन दोनों विषयों का विवेचन हुआ है। किंतु महावीराचार्य का **गणितसार-**

संग्रह शुद्ध गणित का ग्रंथ है । इस दृष्टि से भारतीय विज्ञान के इतिहास में इस ग्रंथ का विशेष महत्त्व है ।

भास्कराचार्य

भारतीय गणित की जिस पुस्तक को सबसे अधिक प्रसिद्धि मिली, वह है भास्कर की **लीलावती**। बड़े-बूढ़ों को अब भी यह कहते सुना जा सकता है कि, जिसने लीलावती पढ़ी है वह पेड़ों की पत्तियाँ तक गिन सकता है ! इस किंवदंती में कोई सचाई नहीं है, पर इससे पता चलता है कि भास्कर की लीलावती की ख्याति बहुत फैल गई थी । इस पुस्तक पर दर्जनों टीकाएँ लिखी गईं और अकबरी दरबार के एक रत्न **फ़ैज़ी** ने 1587 ई. में लीलावती का फारसी भाषा में अनुवाद किया था ।

लीलावती वस्तुतः स्वतंत्र पुस्तक नहीं है । यह भास्कराचार्य के बड़े ग्रंथ **सिद्धांतशिरोमणि** का एक खंड है । सिद्धांतशिरोमणि ग्रंथ के चार खंड हैं : **लीलावती** (पाटीगणित), **बीजगणित, गोलाध्याय** और **ग्रहगणित**। सिद्धांतशिरोमणि के अलावा भास्कर का एक और ग्रंथ मिलता है : **करणकुतूहल** ।

भास्कराचार्य ने **गोलाध्याय** के तीन-चार श्लोकों में अपने बारे में थोड़ी जानकारी दी है । उनका जन्म शक-संवत् 1036 (1114 ई.) में हुआ था और 36 साल की आयु में उन्होंने **सिद्धांतशिरोमणि** की रचना की । अर्थात्, इस ग्रंथ की रचना 1150 ई. में हुई। **करणकुतूहल** की रचना उन्होंने 69 वर्ष की आयु में 1183 ई. में की । भास्कर की मृत्यु किस साल हुई, इसके बारे में हमें कोई जानकारी नहीं मिलती ।

भास्कर स्वयं जानकारी देते हैं कि सह्याद्रि पर्वत (महाराष्ट्र) के अंचल का विज्जड़विड़ गाँव उनका निवासस्थान है । यह विज्जड़विड़ गाँव ठीक किस स्थान पर था, इसके बारे में निश्चित रूप से कुछ नहीं कहा जा सकता । कई विद्वानों ने पाटण, बिजापुर, बेदर, बीड़ आदि आधुनिक स्थानों से विज्जड़विड़ का साम्य दर्शाया है ।

खानदेश (महाराष्ट्र) के चालीसगाँव शहर से करीब सोलह किलोमीटर दूर सातमाला पहाड़ी की तलहटी में बसा हुआ **पाटण** आज एक छोटा-सा गाँव है । पर प्राचीन काल में यह एक संपन्न शहर था । पास ही **पित्तलखोर** की प्रसिद्ध गुफाएँ हैं । पाटण के देवी के मंदिर के खंडहर से एक शिलालेख मिला है । यह शिलालेख 1207 ई. का है । इस शिलालेख में उल्लेख है कि देवगिरि के यादव राजा सिंघण के मांडलिक सोइदेव ने पाटण में मठ बनाने के लिए भास्कराचार्य के पौत्र **चंगदेव** को दान दिया था । भास्कर के ग्रंथों के

अध्ययन के लिए इस मठ की स्थापना की गई थी।

पाटण के उपर्युक्त शिलालेख में भास्कर के कुछ पूर्वजों के नाम दिए गए हैं। भास्कर से छः पीढ़ी पहले के **त्रिविक्रम** कवि थे। भास्कर के पिता **महेश्वर** प्रसिद्ध ज्योतिषी थे और उन्हीं से भास्कर ने ज्ञान प्राप्त किया था। भास्कर के पुत्र **लक्ष्मीधर** और पौत्र **चंगदेव** भी ज्योतिषी थे। शिलालेख से जानकारी मिलती है कि लक्ष्मीधर व चंगदेव देवगिरि के यादव राजाओं के राज-ज्योतिषी थे। लेकिन स्वयं भास्कर राज-ज्योतिषी थे या नहीं, इसके बारे में हमें कोई जानकारी नहीं मिलती।

भास्कर की **लीलावती** मुख्यतः अंकगणित की पाठ्य-पुस्तक है। इसमें क्षेत्रमिति तथा बीजगणित (कुट्टक) के भी कुछ विषय हैं। लीलावती के 'कुट्टकाध्याय' को लगभग उसी रूप में पुनः **बीजगणित** में भी दोहराया गया है।

पुस्तक के **लीलावती** नामकरण के बारे में कई मत हैं। एक मत के अनुसार लीलावती भास्कर की पुत्री थी। फ़ैज़ी ने लीलावती का फारसी में जो अनुवाद किया है, उसमें लीलावती के बारे में एक किस्सा है। कहते हैं कि लीलावती के ब्याह के लिए शुभ-मुहूर्त नहीं निकल रहा था। भास्कर ने बड़ी कठिनाई से एक शुभ-मुहूर्त खोज निकाला। लेकिन जलघड़ी में कुछ गड़बड़ होने से शुभ-मुहूर्त का समय निकल गया। सबको बड़ा दुःख हुआ। पिता ने पुत्री को समझाते हुए कहा : "मैं तुम्हें गणित पढ़ाऊँगा और जो पुस्तक लिखूँगा, उसे **लीलावती** नाम दूँगा।"

लगता है कि यह किस्सा मनगढ़ंत है। पुस्तक में लीलावती के लिए 'बाले' के अलावा 'सखे' संबोधन भी मिलता है, इसलिए निश्चित रूप से नहीं कहा जा सकता कि लीलावती के साथ भास्कर का क्या रिश्ता था। यह भी संभव है कि यह नाम काल्पनिक हो। भास्कर के पहले भी कुछ विषयों से संबंधित पुस्तकों के नाम **लीलावती** रखे गए थे; जैसे, नेमिचंद्र की व्याकरण की **लीलावती** पुस्तक।

जो भी हो, यहाँ हमें भास्कर के ग्रंथ के विषयों से मतलब है। भास्कर ने अपने पहले के गणितज्ञों से बहुत-सी बातें ली हैं। पर उनके ग्रंथ में कुछ नई बातें भी हैं, जो बड़े महत्त्व की हैं।

आधुनिक गणित में **शून्य** तथा **अनंत** से संबंधित गणित का बड़ा महत्त्व है। यूरोप में शून्य व अनंत से संबंधित गणित का विकास पिछले तीन-चार सौ साल में ही हुआ है। भारत में इस विषय पर सही दृष्टि से विचार करने वाले पहले गणितज्ञ भास्कराचार्य हैं। भास्कर जानते थे कि किसी भी संख्या को शून्य से भाग देने पर उत्तर 'अनंत' आता है, अर्थात् $\frac{अ}{0} = \infty$। वे यह भी जानते थे कि अनंत में बड़ी-से-बड़ी संख्या जोड़ी

जाए या अनंत में से बड़ी से बड़ी संख्या घटाई जाए, तो भी वह संख्या अनंत ही रहती है, अर्थात् ∞ +अ= ∞ या ∞ —अ= ।

आधुनिक गणित में **कलन-गणित** (काल्कुलस्) अत्यंत महत्त्व का विषय है। इसके दो प्रमुख भाग हैं : **अवकलन-गणित** (डिफरेंशियल काल्कुलस्) और **समाकलन-गणित** (इंटेग्रल काल्कुलस्)। **न्यूटन** (1642-1727 ई.) और **लाइबनिट्ज़** (1646-1716 ई.) इस कलन-गणित के संस्थापक माने जाते हैं। वैसे, समाकलन गणित की थोड़ी-बहुत शुरुआत प्राचीन यूनान के महान वैज्ञानिक **आर्किमिदीज** (ईसा पूर्व तीसरी सदी) के समय से ही हो चुकी थी। क्षेत्रफल तथा आयतन के निर्धारण के लिए यूनानी गणितज्ञों ने समाकलन की विधि का उपयोग किया था। गोल की सतह के क्षेत्रफल को ज्ञात करने के लिए भास्कर ने भी समाकलन की विधि को अपनाया है।

लेकिन भास्कर की विशेषता यह है कि न्यूटन व लाइबनिट्ज के लगभग पाँच सौ साल पहले **अवकलन गणित** का बीजारोपण करनेवाले वे संसार के पहले गणितज्ञ हैं। **अवकलन गुणांक** का उदाहरण देनेवाले वे पहले गणितज्ञ हैं। किसी ग्रह की सूक्ष्म दैनंदिन गति को निर्धारित करने के लिए उन्होंने दिन के समय को बहुत सारे क्षणों में विभाजित किया और इस प्रकार प्रत्येक क्षण के अंत (क्षणांत) के साथ उन्होंने उस ग्रह की स्थिति का संबंध स्थापित किया। इस विधि से प्राप्त ग्रह की गति को **तात्कालिक गति** का नाम दिया गया है।

इस प्रकार, हम देखते हैं कि भास्कर ने भारत में अवकलन गणित की नींव डाली थी। पर हम यह भी जानते हैं कि **सीमा** अथवा **सीमांत मूल्य** की धारणा इस गणित की आधारशिला है और इस धारणा का विकास न्यूटन व लाइबनिट्ज के बाद ही हुआ है। यह बड़े खेद की बात है कि भास्कर के बाद उनकी कोटि का ऐसा कोई गणितज्ञ हमारे देश में नहीं हुआ जो गणित के इस महत्त्वपूर्ण उपांग को आगे बढ़ा सकता।

महावीराचार्य के संदर्भ में हम **क्रमचय** (पर्म्यूटेशन) व **संचय** (कंबिनेशन) की चर्चा कर चुके हैं। जैन गणितज्ञों ने इन्हें क्रमशः **विकल्प** व **भंग** कहा है। भास्कर ने इस विषय को **अंकपाश** कहा है और इससे संबंधित कुछ नए सूत्र दिए हैं।

भारत में त्रिकोणमति या गोलीय त्रिकोणमिति का विकास स्वतंत्र रूप से नहीं बल्कि ज्योतिष के अध्ययन के साथ हुआ है। आर्यभट ने इस विषय को ठोस आधारशिला पर खड़ा किया था। भास्कर ने सिद्धांतशिरोमणि के गोलाध्याय में त्रिकोणमिति के कई सूत्र दिए हैं।

भास्कर ने लीलावती व बीजगणित में आरंभिक गणित के प्रायः सभी

विषयों का विवेचन किया है। आज ये विषय हाईस्कूल तक की कक्षाओं में पढ़ाए जाते हैं।

गोलाध्याय व **ग्रहगणित** पुस्तकों में गणित-ज्योतिष से संबंधित विषयों की जानकारी है। प्राचीन काल के ज्योतिषियों को आकाशीय पिंडों के भौतिक गुणधर्मों का ज्ञान नहीं था, हो भी नहीं सकता था। वे केवल आकाशीय पिंडों की गति एवं स्थिति का ही अवलोकन कर सकते थे और वह भी अपने चक्षुओं से। अभी दूरबीन की खोज नहीं हुई थी।

पुराने जमाने के भारतीय ज्योतिषियों ने ग्रहों की सही स्थिति जानने के लिए और कालमापन के लिए कई प्रकार के सरल-से यंत्रों का इस्तेमाल किया था। भास्कर ने **सिद्धांतशिरोमणि** के दो अध्यायों में ज्योतिष के यंत्रों के बारे में विस्तृत जानकारी दी है। इनमें गोलयंत्र, चक्रयंत्र, तुरीययंत्र, नाडीवलययंत्र, यष्टियंत्र, घटिका आदि प्रमुख थे। ये यंत्र लकड़ी या धातु के बनते थे।

भास्कर ने अपने सिद्धांतशिरोमणि ग्रंथ पर स्वयं **वासनाभाष्य** नामक टीका लिखी है। बाद में उनके ग्रंथ पर अनेक टीकाएँ लिखी गईं। कोलब्रुक ने 1817 ई. में लीलावती व बीजगणित का अंग्रेजी में अनुवाद किया। भास्कर की पुस्तकों के हिंदी में भी अनुवाद हुए हैं।

भास्कर के बाद उनकी कोटि का गणित-ज्योतिषी हमारे देश में नहीं हुआ। भास्कर के समय तक हमारा देश गणित-ज्योतिष के अध्ययन में किसी भी अन्य देश से पीछे नहीं था। उधर यूरोप में 12वीं सदी के बाद विज्ञान तेजी से आगे बढ़ता गया। हमारे देश में इस बीच अनेक टीका-ग्रंथों की रचना हुई, जिनमें गणित व ज्योतिष से संबंधित कुछ नई बातें भी हैं। फिर अठारहवीं सदी के पूर्वार्ध में जयपुर के राजा सवाई जयसिंह ने बड़ी-बड़ी वेधशालाएँ खड़ी कीं। इन्हीं सबके बारे में हमें अब जानकारी प्राप्त करनी है।

भास्कराचार्य के बाद भारत में गणित-ज्योतिष का अध्ययन

हमारे देश में लगभग 1200 ई. से दिल्ली के सुलतानों का शासन शुरू हुआ। फिर देश के एक बड़े भूभाग पर लंबे समय तक मुगलों का शासन रहा। बहुत-से लोग इन इस्लामी शासकों को 'विदेशी शासक' मानते हैं और अक्सर कहा जाता है कि इसी काल में हमारे देश में ज्ञान-विज्ञान की अवनति हुई। यह एक संकुचित और गलत धारणा है।

आज के भारत की कोई भी एक कौम या कोई भी एक धर्म इस बात का दावा नहीं कर सकते कि इस देश पर केवल उन्हीं का अधिकार है। इतिहास

इस तथ्य का साक्षी है। समय-समय पर इस देश में कई जातियों के लोग आए। जो लोग यहाँ बस गए, उन्हें हम विदेशी नहीं कह सकते। आर्य लोग इस देश में बाहर से आए। उन्होंने इस देश में अपनी भाषा और संस्कृति को फैलाया। क्या आर्य लोगों को हम विदेशी कहते हैं?

इस देश में यवन आए, पह्लव आए, शक आए और यहाँ के जन-जीवन में घुल-मिल गए। उन्हें हम विदेशी नहीं कह सकते। आज के भारत का कौन व्यक्ति आर्यों का वंशज है और कौन शकों या पह्लवों या यवनों का वंशज है, यह जान पाना बिलकुल असंभव है।

भारत के इस्लामी शासक अरब नहीं थे। वे मध्य एशिया से आए थे। सुदूर अतीत में उनके पूर्वज आर्यों के भाई-बंद ही रहे होंगे। लेकिन अब वे इस्लाम में दीक्षित हो गए थे। भारत के सारे मुसलमान विदेश से नहीं आए। अधिकांश मुसलमान इसी देश के मूल निवासी हैं।

लेकिन देश के कई भागों में राजगद्दी का धर्म बदला और राज-काज की भाषाएँ बदलीं। संस्कृत-जैसी 'मृत' भाषा के स्थान पर अब अरबी व फारसी-जैसी जीवित भाषाओं को राज्याश्रय मिला। इसी रद्दोबदल के कारण कुछ लोग भ्रमवश ज्ञान-विज्ञान की अवनति के दोष इस्लामी शासन के मत्थे मढ़ देते हैं। लेकिन खोजबीन करने पर पता चलता है कि भारत में ज्ञान-विज्ञान की अवनति इस्लामी शासन के काफी पहले शुरू हो गई थी और उसके कारण दूसरे ही हैं।

ईसा की आरंभिक सदियों में जब इस देश में यवन, शक तथा कुषाण स्थायी रूप से बस जाते हैं, उस समय से हमारे देश के विज्ञान का एक नया स्वस्थ दौर शुरू होता है। हमने देखा है कि आयुर्वेद के चरक-संहिता व सुश्रुत-संहिता-जैसे संशोधित ग्रंथों की रचना ईसा की आरंभिक सदियों में हुई थी। लेकिन उसके बाद चिकित्सा के क्षेत्र में विशेष नया कुछ नहीं खोजा गया। सातवीं-आठवीं सदी के वैद्याचार्य वाग्भट इस बात से झुँझला उठे थे कि लोग नए ज्ञान को पसंद नहीं करते और पुराने का राग आलापते रहते हैं।

ब्रह्मगुप्त की चर्चा करते समय हमने बताया है कि उन्होंने आर्यभट की सही बातों को भी गलत कहा था। आर्यभट ने स्पष्ट कहा था कि काल्पनिक राहु-केतु द्वारा सूर्य-चंद्र को निगलने से ग्रहण नहीं होते। लेकिन ब्रह्मगुप्त ने इसी अंधविश्वास को अधिक महत्त्व दिया था। अल्बेरूनी ने सच ही कहा है कि ब्राह्मण-पुरोहितों के दबाव के कारण ब्रह्मगुप्त को ऐसा कहना पड़ा था। वराहमिहिर के ग्रंथों ने गणित-ज्योतिष की अपेक्षा फलित-ज्योतिष का पलड़ा अधिक भारी बना दिया।

दरअसल, भारतीय ज्ञान-विज्ञान की अवनति का मुख्य कारण है

रूढ़िवादिता। गुप्तकाल में लिखे गए पुराणों ने ज्ञान-विज्ञान की प्रगति को रोकने तथा रूढ़िवादिता को बढ़ाने का बड़ा काम किया है। भारतीय विज्ञान की बची-खुची चेतना पर प्रहार किया **शंकराचार्य**-जैसे मायावादी दार्शनिकों के चिंतन ने। इस भौतिक जगत की वास्तविकता को स्वीकार करके ही विज्ञान आगे बढ़ सकता है। इस विश्व को मायाजाल मान लेने पर फिर विश्व के भौतिक गुणधर्मों की खोजबीन करने की जरूरत ही क्या रह जाती है?

सब बातों पर विचार करने से हम इस परिणाम पर पहुँचते हैं कि **शंकराचार्य** के समय (लग. 800 ई.) से ही हमारे देश में रूढ़िवादिता अधिक जोर पकड़ती है और ज्ञान-विज्ञान की अवनति शुरू होती है। गणित व ज्योतिष के क्षेत्र में अपवाद हैं तो भास्कराचार्य। अन्यथा, हमारे देश में नौवीं सदी के बाद विज्ञान के किसी भी अंग की विशेष उन्नति नहीं हुई।

लेकिन यह बात भी पूर्णतः सही नहीं है कि इस्लामी शासनकाल में ज्ञान-विज्ञान की उन्नति हुई ही नहीं। हाँ, इस उन्नति के दर्शन हमें संस्कृत भाषा में अधिक नहीं होते, परंतु इस युग में अरबी और फारसी में विज्ञान से संबंधित अनेक ग्रंथों की रचना हुई। अरबों ने भारत व यूनान के विज्ञान से अपने को काफी समृद्ध बना लिया था। इस्लामी जगत में **उमर खैयाम** तथा **उलूगबेग**-जैसे प्रख्यात ज्योतिषी और बड़े-बड़े चिकित्सक हुए। अब हम देखेंगे कि भास्कराचार्य के बाद गणित-ज्योतिष के क्षेत्र में नया क्या कुछ खोजा गया।

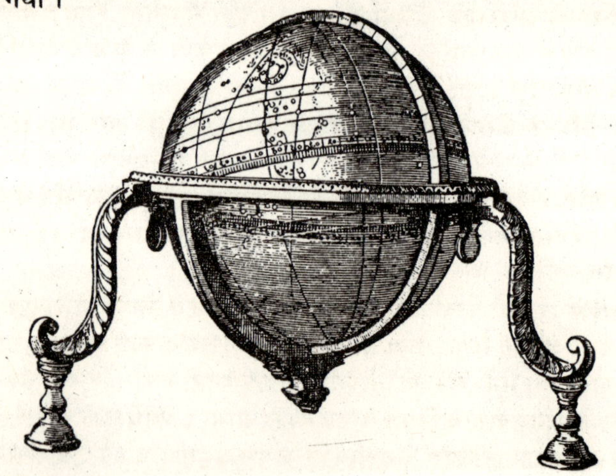

काँसे का बना हुआ भारतीय खगोल, जिस पर तारांकन चाँदी से किया गया है।
(लगभग 1600 ई.)
(चित्र : स्मिथ के 'हिस्ट्री ऑफ मैथेमेटिक्स' ग्रंथ से साभार)

हम जानते हैं कि भाष्कर के बाद उनके तथा अन्य गणितज्ञों के ग्रंथों पर भारत के विभिन्न भागों में बहुत सारी टीकाएँ लिखी गईं, पर दक्षिण भारत के केरल राज्य में गणित-ज्योतिष के कुछ ऐसे ग्रंथ लिखे गए, जिनमें गणित के विकास के दर्शन होते हैं।

केरल निवासी गणित-ज्योतिषी **नीलकंठ** ने 1502 ई. में **तंत्र-संग्रह** नामक ग्रंथ की रचना की। इस ग्रंथ में श्रेणियों (सीरीज) का विवेचन है। नीलकंठ ने आर्यभट (499 ई.) के **आर्यभटीय** ग्रंथ पर भी टीका लिखी है। हम देख चुके हैं कि आर्यभट ने π का एक काफी शुद्ध मान दिया था। नीलकंठ अच्छी तरह जानते थे कि π एक अपरिमेय संख्या है। वे लिखते हैं :

> 'वृत्त की परिधि तथा इसके व्यास के अनुपात (π) को हम पूर्णांक के भिन्न में व्यक्त नहीं कर सकते, इसलिए हम इस अनुपात का एक सन्निकट मान लेते हैं।''

किसी **सोमयाजिन्** का लिखा हुआ केरल से **करण-पद्धति** नामक ग्रंथ मिला है। यह ग्रंथ कब लिखा गया, इसके बारे में स्पष्ट जानकारी नहीं मिलती। लेकिन यह 15वीं सदी के बाद का है। इस पुस्तक में प्रसिद्ध **ग्रेगोरी श्रेणी** दी हुई है। **जेम्स ग्रेगोरी** ने 1671 ई. में इस श्रेणी की खोज की थी।

केरल के ही **शंकरवर्मन** का लिखा हुआ ज्योतिष का ग्रंथ है: **सद्रत्नमाला**। इस ग्रंथ में π का शुद्ध मान 17 दशमलव स्थानों तक दिया गया है। केरल में ही लिखे गए एक अन्य ग्रंथ **युक्ति-भाष** में प्रमेयों की सिद्धियाँ दी गई हैं।

इस प्रकार, हम देखते हैं कि केरल में गणित-ज्योतिष के परंपरागत अध्ययन का थोड़ा सिलसिला जारी रहा। गणित से संबंधित कुछ नई बातें भी खोजी गईं। परंतु इस गणित की तुलना हम यूरोप के तत्कालीन गणित से नहीं कर सकते। यूरोप का गणित अब बहुत आगे बढ़ गया था। **कलन-गणित** यूरोप का एक महान आविष्कार है। यूरोप में बड़े-बड़े गणितज्ञ हुए। यूरोप के गणित में चिह्नों या संकेतों का अधिकाधिक इस्तेमाल होने लगा। दूसरी ओर, हमारे देश में गणित-ज्योतिष के ग्रंथ बोझिल और मृत संस्कृत भाषा में ही लिखे जाते रहे।

ज्योतिष के क्षेत्र में भी यूरोप बहुत आगे बढ़ गया था। कोपर्निकस का सूर्य-केंद्रवादी सिद्धांत, न्यूटन का गुरुत्वाकर्षण का सिद्धांत, केपलर के ग्रह-गति के नियम तथा गैलीलियो द्वारा दूरबीन के इस्तेमाल (1609 ई.) ने गणित-ज्योतिष को बहुत आगे पहुँचा दिया था। दूसरी ओर, हमारे देश में पुरानी पद्धति से ही ग्रह-नक्षत्रों का अवलोकन होता रहा। इस युग में

अरबी ज्योतिष ने भारतीय ज्योतिष को प्रभावित किया। लेकिन इन पुराने साधनों से अब नया कुछ खोज पाना संभव नहीं था। जयपुर के राजा सवाई जयसिंह द्वारा किए गए प्रयासों पर विचार करने से यह बात स्पष्ट हो जाएगी।

जयसिंह की वेधशालाएँ

खलीफाओं के शासनकाल में दमिश्क और बगदाद में वेधशालाओं का निर्माण हुआ था। दमिश्क में **अल्बत्तानी** (858-929 ई.) और बगदाद में **अबुल-वफ़ा** (939-998 ई.) जैसे महान अरबी ज्योतिषियों ने वेधकार्य किया था। अरबी में **तालेमी** (150 ई.) के प्रख्यात ग्रंथ **अल्मजिस्ती** और

महाराजा सवाई जयसिंह द्वितीय (1686-1743 ई.)

अन्य यूनानी गणितज्ञों के ग्रंथों के अनुवाद हो चुके थे। अरबों को भारतीय गणित-ज्योतिष की भी जानकारी मिल चुकी थी। अरबी गणित-ज्योतिष का तेजी से विकास हुआ। इस्लामी जगत में बड़े-बड़े गणित-ज्योतिषी हुए। **उमर खैयाम** (बारहवीं सदी) अपनी रुबाइयों के लिए प्रसिद्ध है, परंतु वे एक महान गणित-ज्योतिषी भी थे।

अरबी ज्ञान का ईरान व मध्य एशिया में भी विस्तार हुआ। मेरेगा में तेरहवीं सदी में एक वेधशाला खड़ी की गई और वहाँ प्रख्यात ज्योतिषी **नसीरुद्दीन** ने वेधकार्य करके **इलूखान** नामक ज्योतिष-सारणियाँ तैयार कीं। फिर **उलूगबेग** (1394-1449 ई.) ने समरकंद में एक बढ़िया वेधशाला खड़ी की। उलूगबेग अपने समय में संसार के संभवतः सबसे बड़े ज्योतिषी थे। उनकी ज्योतिष-सारणियों का यूरोप में भी स्वागत हुआ। सवाई जयसिंह ने अपनी वेधशालाओं (जंतर-मंतरों) का निर्माण काफी हद तक समरकंद की वेधशाला के आधार पर ही किया है।

सवाई जयसिंह (द्वितीय) तेरह साल की अल्पायु में 1699 ई. में आमेर

इटली में निर्मित सोलहवीं सदी का ऐस्ट्रोलेब ज्योतिष-यंत्र। इस यंत्र से ग्रहनक्षत्रों के उन्नतांश ज्ञात किए जाते थे। ऐस्ट्रोलेब शब्द यूनानी भाषा का है, जिसका अर्थ : तारों को साधना। इस ज्योतिष-यंत्र का आविष्कार संभवतः यूनानियों ने ही किया था, किंतु इसका विकास हुआ अरबी ज्योतिषियों के हाथों। भारत में निर्मित दो-तीन ऐस्ट्रोलेब दिल्ली के लाल-किले के संग्रहालय में देखे जा सकते हैं।

(चित्र : स्मिथ के 'हिस्ट्री ऑफ मैथेमैटिक्स' ग्रंथ से साभार)

(जयपुर) की गद्दी पर बैठे थे। उन्होंने चार मुगल बादशाहों—औरंगजेब, बहादुरशाह, फ़र्रुखसियर और मुहम्मदशाह—का शासनकाल देखा है। मुहम्मदशाह के शासनकाल (1719-48 ई.) में ही जयसिंह ने वेधशालाओं का निर्माण किया। चूना और पत्थरों से बनी हुई ये भव्य वेधशालाएँ उन्होंने पाँच स्थानों पर बनवाईं : दिल्ली, जयपुर, उज्जैन, मथुरा और वाराणसी। इनमें से दिल्ली, जयपुर और वाराणसी की वेधशालाओं को अब भी देखा जा सकता है। वाराणसी की वेधशाला **मानमंदिर** के नाम से प्रसिद्ध है। संभव है कि यहाँ पहले से ही कोई वेधशाला रही हो।

जानकारी मिलती है कि फ़ीरोज़शाह बहमनी के समय (1400 ई. के आसपास)दौलताबाद में एक वेधशाला खड़ी की गई थी। जौनपुर के मुल्ला महमूद के लिए शाहजहाँ एक वेधशाला बनवाना चाहता था, लेकिन यह कार्य पूरा न हो सका। दिल्ली के पुराने किले में स्थित **शेरमंडल** के नाम से प्रसिद्ध इमारत संभवतः वेधशाला ही थी। इस युग में **ऐस्ट्रोलेब** नामक वेधयंत्र का खूब इस्तेमाल हुआ है। लाहौर इस वेधयंत्र के निर्माण का प्रमुख केंद्र था।

सवाई जयसिंह ने ज्योतिष के अध्ययन की इसी नई परंपरा को आगे बढ़ाया। उलूगबेग की तरह उन्हें भी गणित-ज्योतिष के अध्ययन का शौक

नई दिल्ली स्थित महाराजा सवाई जयसिंह की वेधशाला (जतर-मतर) का मिश्रयंत्र। इस वेधशाला का निर्माण 1724 ई. के आसपास हुआ था।

था। उनके दरबार में **पंडितराज जगन्नाथ** नाम के एक प्रख्यात ज्योतिषी थे। वे अरबी-फारसी के भी पंडित थे। उन्होंने तालेमी के अरबी में अनूदित **अल्मजिस्ती** ग्रंथ का **सिद्धांत-सम्राट** नाम से संस्कृत में अनुवाद किया। इस ग्रंथ में उन्होंने उलूगबेग व जयसिंह की ज्योतिष संबंधी मान्यताओं का कई बार उल्लेख किया है। पंडितराज जगन्नाथ ने **यूक्लिड** (300 ई. पू.) के ज्यामिति के ग्रंथ का भी किसी अरबी अनुवाद से संस्कृत भाषा में पहला अनुवाद किया था।

इस प्रकार, जयसिंह के इन प्रयासों में भारतीय एवं अरबी ज्योतिष का समन्वय हुआ। जयसिंह ने यूरोप के ज्योतिषियों से संपर्क स्थापित करने का भी प्रयत्न किया। उन्होंने भारत में बसे हुए पुर्तगाली ज्योतिषियों को भी अपने दरबार में बुलाया था। नई खोजों से पता चला है कि जयसिंह को दूरबीन की भी जानकारी मिल गई थी।

जयसिंह की वेधशालाओं के ज्योतिष-यंत्र विशाल होने पर भी सूक्ष्मता का ध्यान रखकर बनाए गए हैं। इनमें चार यंत्र प्रमुख हैं—सम्राट-यंत्र, राम-यंत्र, जयप्रकाश-यंत्र और मिश्र-यंत्र। सम्राट-यंत्र एक प्रकार की विशाल धूप-घड़ी (ग्नोमोन) है। मिश्र-यंत्र में कई ज्योतिष-यंत्रों का मिश्रण हुआ है। दरअसल, ये सारे यंत्र स्थितिमापक एवं कालमापक हैं। दूसरी ओर, यूरोप में उस समय आकाशीय ज्योतियों के भौतिक गुणधर्मों के अध्ययन (ज्योतिर्भौतिकी) की शुरुआत हो चुकी थी और कालमापक एवं स्थितिमापक सूक्ष्म तथा हल्के यंत्रों का तेजी से विकास हो रहा था। अतः जयसिंह की वेधशालाओं के विशाल यंत्रों से अब नया कुछ विशेष खोजना संभव नहीं था।

भास्कराचार्य के बाद हमारे देश में भारतीय ज्योतिष-परंपरा के अनेक ज्योतिषी हुए, जिन्होंने अनेक टीकाग्रंथों की रचना की। इनमें **गणेश दैवज्ञ** एक प्रख्यात ज्योतिषी हुए। उन्होंने 1520 ई. में **ग्रहलाघव** नामक ज्योतिष-ग्रंथ की रचना की, जिसे काफी प्रसिद्धि मिली। ये महाराष्ट्र के निवासी थे और इनके कुल में अनेक ज्योतिषी हुए।

भारत में अंग्रेजी सत्ता स्थापित होने पर और यूरोप के गणित-ज्योतिष के संपर्क में आने के बाद पिछले करीब सौ साल में हमारे देश में ऐसे अनेक ज्योतिषी हुए जिन्होंने आधुनिक ज्ञान के प्रकाश में प्राचीन भारतीय ज्योतिष पर अनुसंधान-कार्य किया है। इनमें **बापूदेव शास्त्री**, **सुधाकर द्विवेदी**, **वेंकटेश बापू जी**, **केतकर** और **शंकर बालकृष्ण दीक्षित** के नाम विशेष रूप से उल्लेखनीय हैं। इन पंडितों ने गणित-ज्योतिष के प्राचीन ग्रंथों के उद्धार का बड़ा काम किया है।

लेकिन यह एक सत्य है कि पुराने ग्रंथ और पुराने ज्ञान का अब केवल

विज्ञान के इतिहास की दृष्टि से ही महत्त्व है । गणित व ज्योतिष अब बहुत उन्नति कर चुके हैं । विज्ञान की नई विधियों को अपनाकर और सारे संसार की वैज्ञानिक गतिविधि के साथ संपर्क स्थापित करके ही अब कुछ नया खोजा जा सकता है ।

श्रीनिवास रामानुजन (1887-1920 ई.)

नए युग में हमारे देश में **रामानुजन** (1887-1920 ई.) एक बहुत बड़े गणितज्ञ हुए । उनका जन्म कुंभकोणम् के एक गरीब परिवार में हुआ था । बड़ी कठिनाई से ही वे इंटर तक पढ़ाई कर पाए । लेकिन जब उनकी प्रतिभा को पहचाना गया तो उन्हें इंगलैंड भेजा गया । रामानुजन की गवेषणाएँ मुख्यतः संख्या-सिद्धांत से संबंधित हैं । रामानुजन के बाद हमारे देश में अनेक गणितज्ञ हुए और विज्ञान-जगत में नाम कमा रहे हैं ।

फलित-ज्योतिष जैसे पुराने अंधविश्वास को हमारे देश में अब भी काफी महत्त्व दिया जाता है । लेकिन अनेक भारतीय वैज्ञानिक अब खगोल-विज्ञान में खोजकार्य करके संसार में नाम कमा रहे हैं । हमारे देश में आधुनिक पद्धति की कुछ वेधशालाएँ भी बनी हैं । ये वेधशालाएँ नैनीताल व हैदराबाद के पास हैं । उटकमंड में अभी कुछ साल पहले एक रेडियो-दूरबीन भी स्थापित हो गई है । कावलूर (तमिलनाडु) में एशिया की सबसे बड़ी दूरबीन स्थापित हुई है ।

सुब्रह्मण्यम चंद्रशेखर (जन्म : 1910 ई.) संसार के चोटी के ज्योतिभौतिकविद् माने जाते हैं। पिछले कई वर्षों से वे अमरीका में हैं और उन्हें भौतिकी का नोबेल पुरस्कार भी मिला है। लेकिन भारत के अनेक तरुण वैज्ञानिक अब खगोल-विज्ञान में खोजकार्य कर रहे हैं। फिर भी हम काफी पिछड़े हुए हैं, मुख्यत: वैज्ञानिक अनुसंधान के लिए आवश्यक साधनों के अभाव के कारण।

प्राचीन भारत में रसायन का विकास

आज हम 'कैमिस्ट्री' के लिए 'रसायन' शब्द का इस्तेमाल करते हैं। अब यह विषय बहुत उन्नति कर चुका है। अन्य विषयों के साथ संबंधित होकर इसने विज्ञान के अनेक उपांगों को जन्म दिया है। जैसे, **जैव-रसायन** को आजकल एक अत्यंत महत्त्वपूर्ण विषय माना जाता है।

यह 'कैमिस्ट्री' शब्द यूरोप की भाषाओं का नहीं है। यह अरबी के 'कीमिआ' शब्द से बना है। पुरानी पद्धति के रसायन को अरबी में 'अल्-कीमिया' कहते थे। मध्ययुग में जब अरबी ग्रंथों के यूरोप की भाषाओं में अनुवाद हुए, तो 'अल्-कीमिआ' से 'अल्-कैमी' शब्द बना। इसी 'अल्-कैमी' से, 'अल्' को अलग कर देने के बाद, आधुनिक 'कैमिस्ट्री' शब्द बना है।

लेकिन 'कीमिआ' शब्द मूलतः अरबी भाषा का भी नहीं है। विद्वानों का मत है कि यह शब्द या तो प्राचीन मिस्र के **चैम** (काली भूमि) शब्द से बना है या चीनी भाषा के **चीमा** (धातु का गलन) शब्द से। अधिक संभावना इसी बात की है कि यह शब्द मूलतः चीनी भाषा का है। शब्दोत्पति के इस विवरण से यह भी जानकारी मिलती है कि कीमियागरी का विस्तार किस प्रकार हुआ है।

रसायन (रस-अयन) शब्द का अर्थ है 'रस की गति'। प्राचीन काल में रस शब्द का मुख्य अर्थ था वनस्पति से प्राप्त रस; जैसे, सोमरस। रसों का औषधि के रूप में इस्तेमाल होता था, इसलिए उस जमाने में **रसायन** आयुर्वेद का ही एक अंग था। आयुर्वेद के आठ अंगों में **रसायन** की भी गणना होती थी। दूसरे देशों में भी प्राचीन काल में चिकित्सा और रसायन का अभिन्न संबंध रहा है।

फिर, ईसा की आरंभिक सदियों से रसायन शब्द का अर्थ व्यापक हो गया। **रस** शब्द का मुख्य अर्थ हो गया **पारा** या **पारद**। भारत में रसायन का अर्थ ही हो गया पारदशास्त्र। पारे के बारे में बहुत सारे प्रयोग होने लगे।

लोग समझने लगे कि पारे के सेवन से दीर्घायु प्राप्त होती है और इसी जीवन में मुक्ति मिल जाती है । अन्य धातुओं का भी शोधन, मारण, जारण आदि होने लगा । इन प्रक्रियाओं के लिए बहुत सारे यंत्र बने ।

हमारे देश में, और दूसरे देशों में भी, नकली सोना बनाने के प्रयोग होने लगे । रससिद्धों के संप्रदाय अस्तित्व में आए । बहुत सारे ग्रंथों की रचना हुई । प्राचीन काल का यह रसायनशास्त्र कीमियागरी था । यूरोप में 17वीं सदी तक कीमियागरी का बोलवाला रहा है । लेकिन उसके बाद यूरोप के रसायनज्ञों ने कीमियागरी से संबंधित पुराने अंधविश्वासों को त्याग दिया और वहाँ आधुनिक रसायन-विज्ञान ने जन्म लिया ।

हमारे देश में पुरानी पद्धति के रसायन (कीमियागरी) का सिलसिला सोलहवीं सदी तक चलता रहा । उस समय तक हमारे देश के कीमियागर दूसरे देशों के कीमियागरों से पीछे नहीं थे । पारदशास्त्र में तो हमारा देश बहुत ही आगे था । पर हमारे देश के कीमियागर नई वैज्ञानिक विधियों को अपनाकर रसायन-विज्ञान को जन्म न दे सके । आधुनिक रसायन-विज्ञान के जनक यूरोप के वैज्ञानिक हैं ।

प्रस्तुत प्रकरण में हम भारतीय रसायन (कीमियागरी) पर ही विचार करेंगे । भारतीय रसायन के अध्ययन में अनेक कठिनाइयाँ हैं । रसायन के अनेक ग्रंथ मिलते हैं, परंतु उनके लेखक तथा उनके काल के बारे में बड़ा झमेला है । यहाँ तक कि महान रसायनज्ञ **नागार्जुन** के बारे में भी हमें ठोस जानकारी नहीं मिलती । फिर भी हम यहाँ भारतीय रसायन की संक्षिप्त रूपरेखा प्रस्तुत करने का प्रयत्न करेंगे । यहाँ हम उस रसायन की चर्चा नहीं करेंगे जिसका संबंध आयुर्वेद से रहा है । यहाँ हम उस रसायन का परिचय प्राप्त करेंगे जिसका संबंध मुख्यतः धातुओं के शोधन, मारण, जारण आदि से रहा है ।

प्राचीन काल में हमारे देश में 'मुक्ति' की धारणा को बड़ा महत्त्व दिया जाता था । कोई भी ठीक से नहीं बता सकता था कि यह मुक्ति क्या बला है, पर इसके लिए पुराने ग्रंथों में तरह-तरह के आध्यात्मिक उपाय बताए गए हैं । लेकिन मृत्यु के बाद की जीवनमुक्ति से क्या लाभ ? मुक्ति के इस ढकोसले से लोगों का विश्वास उठता जा रहा था ।

फिर इसी जीवन में मुक्ति प्राप्त करने के उपाय खोजे जाने लगे । इन्हीं प्रयासों से **रसतंत्र** ने जन्म लिया, ईसा की आरंभिक सदियों में । योगसूत्रकार **पतंजलि** (ईसा की दूसरी-तीसरी सदी) लिखते हैं कि जड़ी-बूटियों के रस (औषधि) से भी सिद्धि प्राप्त हो सकती है । अतः लगता है कि उस समय रससिद्धों का संप्रदाय अस्तित्व में आ गया था । रससिद्धों का उद्देश्य ही था, इसी जीवन में जीवनमुक्ति के उपाय खोजना । रसायन के एक प्रसिद्ध ग्रंथ

रसार्णव में भैरव (शिव) पार्वती को उपदेश देते हुए कहते हैं : शरीर के न रहने पर मोक्ष मिला तो वह निरर्थक है (पिंडपाते च यो मोक्षः स च मोक्षो निरर्थकः) । और, मरने पर तो गदहा भी मुक्त हो जाता है । (पिंडे तु पतिते देवि गर्दभोऽपि विमुच्यते) !

इस प्रकार, जीवनमुक्ति के लोभ से रसायन के अध्ययन का सिलसिला शुरू हुआ । न केवल वनस्पति की बल्कि धातुओं की भी औषधियाँ बनने लगीं । पारे की औषधियों को सर्वाधिक महत्त्व दिया गया । पारे को **रसराज** कहा जाने लगा । फिर ये रसायनाचार्य सोना व चाँदी बनाने के चक्कर में भी फँस गए ।

उस जमाने में, न केवल हमारे देश में, बल्कि दूसरे देशों में भी कीमियागरों के संप्रदाय अस्तित्व में आए । चीन इस विद्या का गढ़ था । वहाँ प्राचीन काल में नकली सोना बनाने का दावा करनेवाले अनेक कीमियागर हुए । कई चीनी सम्राट इन कीमियागरों के चक्कर में फँस गए थे । लेकिन कुछ सम्राटों ने ईसा पूर्व दूसरी सदी में कीमियागरी पर पाबंदी लगाने के लिए राज्यादेश भी जारी किए थे । वहाँ कई कीमियागरों को मृत्युदंड भी दिया गया था । चीन में सोना कम पाया जाता था, इसीलिए वहाँ नकली सोना बनाने के ये खोटे धंधे शुरू हुए थे । **पारस** पत्थर भी मूलतः चीन की ही कल्पना है ।

चीन के **ताओ** संप्रदाय के अनुयायी सिद्धि और कीमियागरी को विशेष महत्त्व देते थे । कुछ विद्वानों का मत है कि यह विद्या चीन से ही भारत पहुँची है और फिर यहाँ सिद्धों के अनेक संप्रदाय अस्तित्व में आए । आरंभ में बौद्धों ने इस विद्या को अपनाया । फिर शैवों के सिद्ध संप्रदाय भी अस्तित्व में आए । इतना ही नहीं, **रसेश्वर-दर्शन** भी अस्तित्व में आया, जिसकी जानकारी **माधवाचार्य** (चौदहवीं सदी) ने अपने **सर्वदर्शन-संग्रह** में दी है ।

नागार्जुन को रसायनशास्त्र का आदि-प्रवर्तक माना जाता है । आयुर्वेद के विकास पर विचार करते समय हमने देखा है कि एक नागार्जुन **सुश्रुत-संहिता** के प्रतिसंस्कर्त्ता थे । यह भी कहा जाता है कि सुश्रुत-संहिता के 'उत्तरतंत्र' की रचना नागार्जुन ने की है । दूसरी ओर, कालांतर के **रसरत्नाकर** या **रसेंद्रमंगल** ग्रंथ को नागार्जुन की कृति माना जाता है । नागार्जुन नाम के एक प्रख्यात बौद्ध दार्शनिक भी हुए हैं । ऐसी स्थिति में यह जान पाना कठिन है कि रसायनाचार्य नागार्जुन कौन हैं और उनका समय क्या है । ईसा की पहली सदी से दसवीं सदी तक हमें नागार्जुन के बारे में अनेक उल्लेख मिलते हैं ।

एक नागार्जुन ईसा की दूसरी सदी में कणिष्क और सातवाहन राजा के समय में हुए। ये बौद्ध दार्शनिक नागार्जुन थे। चीनी यात्री **युवान्-च्वाङ्** (भारत-यात्रा : 629-645 ई.) अपने ग्रंथ में जानकारी देते हैं कि नागार्जुन सातवाहन राजा के समय में हुए। वे यह भी जानकारी देते हैं कि नागार्जुन रसायन के आचार्य थे और उन्होंने लंबी आयु पाई थी। अतः लगता है कि बौद्ध दार्शनिक नागार्जुन रसायनाचार्य भी थे।

सिद्ध नागार्जुन
(एक तिब्बती शिल्प के आधार पर तैयार किया गया चित्र।)

लेकिन **अल्बेरूनी** (1030 ई.) जानकारी देते हैं कि उनके करीब सौ साल पहले नागार्जुन नाम के एक महान रसायनज्ञ हुए, जो सोमनाथ के समीप के दैहक स्थान के निवासी थे। दूसरी ओर, रसायन के कुछ ऐसे ग्रंथ मिलते हैं जिन्हें नागार्जुन की कृतियाँ माना जाता है और जो ईसा की छठी-सातवीं सदी के बाद की रचनाएँ हैं। ऐसी दशा में रसायनज्ञ नागार्जुन कौन थे और उनका ठीक समय क्या है, यह जान पाना मुश्किल है। बौद्धों के सिद्ध संप्रदाय में नागार्जुन नाम के एक सिद्ध हुए। उन्हें भी रसायनज्ञ माना जाता है। रसायन के प्रायः सभी ग्रंथों में नागार्जुन का उल्लेख मिलता है।

संभव है कि रसायनाचार्य नागार्जुन दो हुए हों। रसायन के आदि-प्रवर्तक थे बौद्ध दार्शनिक नागार्जुन (ईसा की दूसरी सदी) और सिद्ध नागार्जुन (सातवीं-आठवीं सदी) भी रसायनज्ञ थे। जो भी हो, उपलब्ध ग्रंथों

के आधार पर ही हम यहाँ भारतीय रसायन की जानकारी प्राप्त करेंगे।

रसरत्नाकर या **रसेंद्रमंगल** भारतीय रसायन का एक प्राचीन ग्रंथ है। इस ग्रंथ की रचना सातवीं से ग्यारहवीं सदी के बीच में हुई है। **नागार्जुन** को इस ग्रंथ का रचयिता माना जाता है। यह महायानी बौद्धों का एक तंत्र ग्रंथ है। रसरत्नाकर में संवाद के रूप में रसायन की बातें बतलाई गई हैं। यह संवाद नागार्जुन, रत्नघोष, बटयक्षिणी, शालिवाहन और मांडव्य के बीच होता है।

इनमें **रत्नघोष** और **मांडव्य** प्रसिद्ध रसायनज्ञ थे। बाद के ग्रंथों में भी इनके नाम मिलते हैं। **शालिवाहन** संभवतः कोई सातवाहन राजा था। रसरत्नाकर में जानकारी मिलती है कि बारह वर्ष साधना करने के बाद वटयक्षिणी की कृपा से नागार्जुन को रसबंध (पारा बाँधने) की विधि मालूम हुई थी। नागार्जुन ने इसी विद्या की जानकारी दी है।

यह संभव है कि इस ग्रंथ का ज्ञान पुराना हो और रसायनज्ञ नागार्जुन का समय ईसा की दूसरी सदी ही हो। ग्रंथ की रचना बाद में हुई होगी। इस ग्रंथ में नागार्जुन ने पारे के लक्षण बतलाए हैं। आठ महारसों की जानकारी देकर सोना बनाने की विधियाँ भी बतलाई हैं। जैसे, यदि पीले गंधक को पलाश के गोंद के रस से शोधित किया जाए और कंडों की आग पर तीन बार पकाया जाए, तो इससे चाँदी को सोने में बदला जा सकता है। ताँबे को सोने में बदलने की विधि भी बतलाई गई है। स्पष्ट है कि यहाँ कृत्रिम सोने का अर्थ है : सोने के रंग-जैसी धातु।

इस ग्रंथ में पारे को बाँधने तथा धातुओं को शुद्ध करने की अनेक विधियाँ दी गई हैं। रसविद्या से संबंधित कुछ यंत्रों (उपकरणों) के बारे में भी जानकारी है। जैसे, पारे की पिष्टि से भस्म तैयार करने के लिए **गर्भयंत्र** का इस्तेमाल होता था। यह यंत्र मिट्टी की एक मूषा थी।

ईसा की आठवीं सदी में रचित **रसहृदयतंत्र** नामक एक ग्रंथ मिलता है, जिसके रचयिता है **भिक्षु गोविंद**। **सर्वदर्शन-संग्रह** में **रसेश्वर-दर्शन** के बारे में जो जानकारी दी गई है उसमें भी 'गोविंद भगवत्पादाचार्य' का उल्लेख है। दूसरी ओर, हम जानते हैं कि शंकराचार्य के गुरु का नाम भी गोविंद था। हम यह भी जानते हैं कि गोविंदाचार्य बौद्ध मत से प्रभावित थे और यह प्रभाव शंकर के दर्शन में भी प्रकट होता है। अतः अनेक विद्वानों का मत है कि रसायनाचार्य गोविंद शंकर के गुरु थे और उनका समय ईसा की आठवीं सदी है।

रसहृदय में 18 रसकर्मों के बारे में जानकारी दी गई है। ये हैं : स्वेदन, मर्दन, मूर्च्छना, उत्थापन, पातन, रोधन, नियमन, दीपन, गगनग्रास,

भारतीय रसशाला

चारण, गर्भद्रुति, बाह्यद्रुति, जारण, रसराग, सारण, क्रामण, वेधन और भक्षण। इस ग्रंथ में रसकर्म से संबंधित कुछ यंत्रों एवं उपकरणों के बारे में भी जानकारी दी गई है। इस ग्रंथ में पारे में सोने का रंग पैदा करने के योग (विधियाँ) भी बतलाए गए हैं।

बारहवीं सदी में रचित **रसार्णव** रसविद्या का एक महत्त्वपूर्ण ग्रंथ है। इस ग्रंथ के लेखक के बारे में हमें कोई जानकारी नहीं मिलती। हम पहले बता चुके हैं कि रसविद्या के आरंभिक ग्रंथों के रचयिता बौद्ध मत के अनुयायी थे। बाद में शैवों ने भी इस विद्या को अपनाया और रसतंत्रों की रचना की। **रसार्णव** शैवमत का ग्रंथ है। प्रज्ञापारमिता और बोधिसत्व का स्थान अब शिव और पार्वती ने ले लिया था। रसार्णव में शिव-पार्वती के संवाद दिए गए हैं। पार्वती सवाल करती हैं और भैरव (शिव) उत्तर देते हैं।

आरंभ में शिव पारे की उत्पत्ति तथा इसके महत्त्व के बारे में जानकारी देते हैं। वे कहते हैं कि यह उन्हीं के शरीर का रस है। यह जीवनमुक्ति देनेवाला है। **सर्वदर्शन-संग्रह** के **रसेश्वर-दर्शन** में **रसार्णव** ग्रंथ का उल्लेख है। इस ग्रंथ में अठारह पटल अथवा अध्याय हैं।

रसार्णव के दूसरे पटल (दीक्षाविधान) में गुरु-शिष्य के संबंध, रससाधिका तथा रसशाला के बारे में जानकारी दी गई है। रसकर्म में निम्न वर्ग की एक नारी का होना बड़ा जरूरी था। इसी को **रससाधिका** कहा गया है। रसार्णव के चौथे पटल में अनेक यंत्रों के बारे में जानकारी दी गई है। इनमें दोलायंत्र, मूषायंत्र, गर्भयंत्र आदि का वर्णन है। कई प्रकार की मूषिकाओं के बारे में भी जानकारी दी गई है।

रसायन-यंत्र : 1. अधःपातनयंत्र 2. कोष्ठीयंत्र 3. स्वेदनीयंत्र 4. तिर्यक्पातनयंत्र

रसार्णव के बाद रचा गया रसविद्या का एक प्रमुख ग्रंथ है **रसरत्नसमुच्चय**। इसके रचयिता **वाग्भट** माने जाते हैं, परंतु ये उस वाग्भट से भिन्न हैं जिन्होंने **अष्टांगहृदय** की रचना की है। रसरत्नसमुच्चय ग्रंथ ईसा की तेरहवीं से पंद्रहवीं सदी के बीच रचा गया। यह शैवमत का रसतंत्र है।

इस ग्रंथ के आरंभ में ही पारद की स्तुति है और मांडव्य, व्याडि, नागार्जुन, गोविंद आदि 27 प्राचीन रसायनाचार्यों की सूची दी है। पारे को शिव का और गंधक को पार्वती का प्रतीक माना गया है। इस ग्रंथ में पारे के लिंग की स्थापना तथा उसकी पूजा को बड़ा महत्त्व दिया गया है।

रसरत्नसमुच्चय में रसकर्म के लिए आवश्यक वस्तुओं तथा उपकरणों के बारे में विस्तृत जानकारी दी गई है। इसमें पारे के दोषों को दूर करने के लिए 18 संस्कारों के बारे में भी विस्तार से जानकारी दी गई है। स्वेदन, मर्दन, मूर्च्छन, पातन (उर्ध्वपातन, अधःपातन और तिर्यक्पातन) आदि ये संस्कार हैं।

रसरत्नसमुच्चय के बाद भी हमारे देश में रसायन के अनेक ग्रंथों की रचना हुई। इस रसायन-विद्या को हम कीमियागरी ही कहेंगे। **देहसिद्धि** इस विद्या का मुख्य लक्ष्य था। फिर भी इस विद्या के प्रयोगों से अनेक रासायनिक प्रक्रियाओं की खोज हुई। लेकिन क्या लाभ? इस विद्या को विज्ञान में नहीं बदला गया। इस विद्या को धार्मिक संप्रदायों तक ही सीमित एवं गुप्त रखा गया। आधुनिक रसायन-विज्ञान यूरोप के वैज्ञानिकों की देन है।

प्राचीन भारत में धातुकर्म

सिंधु सभ्यता की वैज्ञानिक उपलब्धियों पर विचार करते समय हमने ताँबे के धातुकर्म की जानकारी दी है। फिर हमने यह भी देखा है कि भारत में आर्यों के आगमन के साथ यहाँ लौहयुग की शुरुआत होती है।

हमने देखा है कि सिंधु सभ्यता के लोग ताँबे और काँसे की ढलाई करना जानते थे। मोहनजोदड़ो से प्राप्त 'नर्तकी बाला' की काँसे की मूर्ति ढली हुई है।

बाद में हमारे देश में ताँबे और काँसे की बहुत सारी वस्तुएँ बनीं। ताँबे, काँसे और अष्टधातु की बहुत सारी मूर्तियाँ नष्ट हो गई हैं। बहुत सारी मूर्तियाँ गला दी गई हैं। फिर भी कुछ मूर्तियाँ बची हैं, जिन्हें देखने से पता चलता है कि धातुकर्म में हमारा देश काफी उन्नत था।

पिछली सदी के उत्तरार्ध में सुलतानगंज (बिहार) से बुद्ध की ताँबे की एक विशाल मूर्ति मिली थी। अब यह मूर्ति बर्मिंघम संग्रहालय (इंगलैंड) में है। संभवतः दो खंडों में ढाली गई यह मूर्ति 7 फुट 6 इंच ऊँची है और लगभग एक टन भारी है। अभयमुद्रा में खड़ी बुद्ध की यह मूर्ति सारनाथ से प्राप्त इसी प्रकार की एक प्रस्तर मूर्ति से मिलती-जुलती है। अतः अनुमान है कि ताँबे की यह मूर्ति ईसा की पाँचवीं सदी में ढाली गई थी।

प्राचीन भारत में ताँबे का खूब इस्तेमाल हुआ है। ताँबे के बहुत सारे पुराने सिक्के मिले हैं, जो ढाले जाते थे। ढलाई के साँचे भी मिले हैं। दानपत्रों के लिए भी ताँबे का इस्तेमाल हुआ है। वस्तुतः ताँबे की वस्तुओं के बारे में विशेष जानकारी देने की जरूरत नहीं है। सभी देशों में ताँबे और काँसे की वस्तुएँ बनती थीं, आज भी बनती हैं। चीन-जैसे देश ताँबे और काँसे के धातुकर्म में बढ़े-चढ़े थे। अतः प्रस्तुत प्रकरण में हम मुख्यतः लौहकर्म पर ही विचार करेंगे।

वैदिक काल के विज्ञान पर विचार करते समय हमने आरंभिक लौहकर्म पर थोड़ा विचार किया है। लोहे की वस्तुओं में जंग लग जाता है, इसलिए लोहे की अधिक प्राचीन छोटी वस्तुएँ हमें नहीं मिलतीं। जो मिलती हैं वे जंग

खाई हुई होती हैं। फिर भी उत्तर भारत के कई स्थानों से 600 ई. पू. के आसपास की लोहे की वस्तुएँ मिली हैं।

दक्षिण भारत के अनेक स्थानों से ईसा पूर्व पाँचवीं सदी की लोहे की वस्तुएँ मिली हैं। उस जमाने में दक्षिण भारत के लोग शवों को मिट्टी के बड़े शवाधानों में रखकर लंबे-चौड़े गड्ढों में रख देते थे और ऊपर बड़े-बड़े पाषाण खड़े कर देते थे। इसलिए उनकी संस्कृति को **महापाषाण-संस्कृति** का नाम दिया गया है। दक्षिण भारत की ऐसी कब्रों में लोहे के औजार मिले हैं।

भारत में खनिज लोहा पर्याप्त मात्रा में उपलब्ध है और इसकी अपनी कुछ विशेषताएँ हैं। लोहा मुख्यतः तीन प्रकार का होता है—**ढलवाँ लोहा, पिटवाँ लोहा** और **इस्पात**।

जानकारी मिलती है कि ईसा पूर्व चार-पाँच सदी पहले भारत की लोहे की वस्तुओं की पश्चिमी एशिया के देशों में खूब ख्याति थी। भारतीय इस्पात का निर्यात भी होता था और इससे तलवारें बनाई जाती थीं। भारतीय इस्पात से बनीं **दमिश्क तलवारें** पश्चिमी एशिया के देशों में प्रसिद्ध थीं। जानकारी मिलती है कि ईसा पूर्व पाँचवीं सदी में किसी भारतीय राजा ने ईरान के सम्राट को इस्पात की दो तलवारें भेंट की थीं। यह भी जानकारी मिलती है कि पुरु राजा ने सिकंदर को करीब 15 सेर इस्पात भेंट किया था। इससे स्पष्ट है कि उस जमाने में भारतीय इस्पात की खूब प्रसिद्धि थी।

ढलवाँ लोहा तैयार करने के लिए 1530^0 सेंटीग्रेड से ऊपर तापमान की जरूरत होती है। अनेक विद्वानों का मत है कि प्राचीन भारत के धातुकर्मकार इतना ऊँचा तापमान प्राप्त करने में समर्थ नहीं थे, इसलिए वे ढलवाँ लोहा तैयार करने में भी समर्थ नहीं थे। और, यदि ढलवाँ लोहे की कुछ वस्तुएँ बनी भी हैं, तो बची नहीं हैं। प्राचीन भारत में पिटवाँ लोहे का ही अधिक इस्तेमाल हुआ है। प्राचीन भारत के पिटवाँ लोहे का सर्वोत्तम स्मारक है महरौली (दिल्ली) का **लौहस्तंभ**।

कुतुबमीनार के समीप यह लौहस्तंभ खड़ा है। इस लौहस्तंभ के बारे में अनेक दंतकथाएँ प्रचलित हैं। बहुत-से लोग वहाँ जाकर उलटे हाथों से उस स्तंभ को मापने की कोशिश करते हैं और अपना 'भाग्य' आजमाते हैं। यह लौहस्तंभ 24 फुट ऊँचा है। नीचे की ओर इसका व्यास 16.4 इंच है और ऊपर सिरे की ओर 12 इंच। इसका शीर्षबाग, जिसमें कई वलय हैं, करीब साढ़े तीन फुट ऊँचा है। पूरे लौहस्तंब का भार करीब 6 टन है।

कई लोग सोचते हैं कि पूरा लौहस्तंभ ढलवाँ लोहे से बना है। लेकिन बात ऐसी नहीं है। यह पिटवाँ लोहे से बना है। पिटवाँ लोहे के कई खंडों को

महरौली (दिल्ली) में कुतुबमीनार के पास खड़ा लौहस्तंभ (लगभग 400 ई.)

जोड़कर यह लौहस्तंभ बनाया गया है ।

इस लौहस्तंभ के जमीन के ऊपर के भाग को जंग नहीं लगा है । लेकिन इधर के अनुसंधानों से जानकारी मिली है कि इसके जमीन के भीतर के भाग को काफी जंग लगा है, जिससे नीचे इसकी मोटाई करीब तीन-चौथाई रह गई है । ऊपरी भाग में जंग न लगने के कई कारण हो सकते हैं । एक कारण यह है कि यह स्तंभ काफी शुद्ध पिटवाँ लोहे से बना है । इसमें मैगनीज और गंधक की मात्रा नहीं के बराबर है । यह काफी शुद्ध अयस्क से तैयार किया

गया होगा। यह भी संभव है कि तैयार करते समय इस लौहस्तंभ पर लोहे के चुंबकीय ऑक्साइड, स्लैग या इस्पात की पतली परत जम गई है, जिससे इसमें लंबी कालावधि में भी जंग नहीं लग पाया है। दिल्ली प्रदेश की विशेष जलवायु ने भी इस स्तंभ को सुरक्षित रखने में योग दिया है। जो भी हो, प्राचीन जगत में लोहे का ऐसा भव्य स्मारक हमें अन्यत्र कहीं भी देखने को नहीं मिलता।

इस लौहस्तंभ पर छः पंक्तियों का एक **लेख** खुदा हुआ है। संस्कृत काव्य के इस लेख में जानकारी मिलती है कि किसी **चंद्र** राजा की दिग्विजय की स्मृति में **विष्णुध्वज** नामक यह सतंभ **विष्णुपद** पहाड़ी पर खड़ा किया गया था। यह विष्णुपद पहाड़ी कहाँ थी, इसके बारे में काफी मतभेद हैं। लेकिन जानकारी मिलती है कि तोमर वंश का राजा **अनंगपाल** ग्यारहवीं सदी में इस लौहस्तंभ को दिल्ली उठा लाया था।

लौहस्तंभ पर उत्कीर्ण लेख में जिस **चंद्र** राजा का उल्लेख है, उसकी पहचान के बारे में भी अनेक मत हैं। इस लेख की लिपि के अक्षर गुप्तकाल की ब्राह्मी लिपि के अक्षरों से मिलते-जुलते हैं। यह लिपि ईसा की चौथी-पाँचवीं सदी की है। इसलिए कई विद्वान इस परिणाम पर पहुँचे हैं कि लेख में जिस **चंद्र** राजा का उल्लेख है, वह **गुप्त सम्राट चंद्रगुप्त** (द्वितीय) है। जो भी हो, इतना निश्चित है कि यह लौहस्तंभ डेढ़ हजार साल पुराना है।

इसके बाद पिटवाँ लोहे की बना हुई बहुत सारी वस्तुएँ मिलती हैं। हमारे देश में ढलवाँ लोहे का निर्माण विशाल स्तर पर कभी नहीं हो पाया। यूरोप में वात-भट्ठी का निर्माण चौदहवीं सदी में हुआ और ढलवाँ लोहे के निर्माण में कोक का इस्तेमाल अठारहवीं सदी से हुआ। फिर वहाँ ढलवाँ लोहे से इस्पात बनाने की बेसेमर तथा खुली भट्ठी की विधियों की खोज हुई।

अठाहरवीं सदी के उत्तरार्द्ध में यूरोप की इन विधियों को भारत में अपनाया गया। आधुनिक विधियों से लोहा और इस्पात तैयार करने का पहला कारखाना 1777 ई. में बीरभूम (पश्चिम बंगाल) में खुला। इसके बाद अनेक कारखाने खुले, जिनमें से कई अल्पजीवी रहे। जमशेदपुर का टाटा आयरन एंड स्टील कारखाना 1911 ई. में खुला।

अब राउरकेला, भिलाई और दुर्गापुर में लोहे के उत्पादन के विशाल कारखाने बनकर तैयार हो रहे हैं। अपने उत्तम खनिज लोहे के भंडारों के लिए भारत प्रसिद्ध है ही।

उपसंहार

इस पुस्तक में हमने भारतीय विज्ञान के विकास की संक्षिप्त रूपरेखा प्रस्तुत की है। सभी विषयों के बारे में जानकारी देना संभव नहीं था। जैसे, **भौतिकी** की हमने कोई चर्चा नहीं की है। दरअसल, भौतिकी का विकास आधुनिक काल में ही हुआ है।

वैसे, प्राचीन यूनान में **देमोक्रितु** (लग. 460-370 ई.पू.) ने **परमाणुवाद** की स्थापना की थी। भारत में भी **वैशेषिक दर्शन** के संस्थापक **आचार्य कणाद** ने 'अति सूक्ष्म' के अर्थ में **अणु** की कल्पना की थी। परंतु प्राचीन काल के इन परमाणुवादों का विकास नहीं हो पाया। आधुनिक युग में परमाणु-सिद्धांत को वैज्ञानिक आधार प्रदान किया इंगलैंड के प्रख्यात वैज्ञानिक **जोन डाल्टन** (1766-1844 ई.) ने। तदनंतर ही आधुनिक भौतिकी का तेजी से विकास हुआ है।

वनस्पतिशास्त्र बहुत पुराना विषय है। आदिम युग का मानव भी पेड़-पौधों और जड़ी-बूटियों के बारे में काफी जानकारी रखता था। आयुर्वेद के अध्ययन में वनस्पति का ज्ञान अत्यावश्यक माना गया था। इस संबंध में बौद्ध चिकित्सक **जीवक** के बारे में एक किस्सा मशहूर है। आयुर्वेद का अध्ययन करने के लिए वे राजगृह से तक्षशिला गए थे। उनकी शिक्षा जब पूरी हुई तो आचार्य ने उनसे कहा : "तक्षशिला के आसपास एक योजन के घेरे में खोजबीन करके ऐसी वनस्पति ढूँढ़ लाओ जिसका किसी भी औषधि में इस्तेमाल न होता हो।" जीवक ने ऐसी वनस्पति को खूब ढूँढ़ा, परंतु उन्हें ऐसी कोई वनस्पति या जड़ीबूटी नहीं मिली जिसका किसी भी रोग के इलाज में इस्तेमाल न होता हो। जीवक ने जब इस बात की सूचना अपने आचार्य को दी, तो उनका उत्तर था : "अब तुम आयुर्वेद में पारंगत हो गए हो। जाओ, जनता की सेवा करो।"

आयुर्वेद के ग्रंथों में वनस्पतियों के बारे में भी जानकारी मिलती है। आयुर्वेद के अंतर्गत **वृक्षायुर्वेद** का भी विकास हुआ। वृक्षायुर्वेद पर स्वतंत्र ग्रंथों की भी रचना हुई होगी, पर आज वे नहीं मिलते। तेरहवीं-चौदहवीं

सदी में **शारंगधर पद्धति** नामक एक महत्त्वपूर्ण ग्रंथ की रचना हुई। इसके लेखक थे **शारंगधराचार्य**। शारंगधर पद्धति में **उपवन-विनोद** के नाम से वृक्षायुर्वेद पर एक अध्याय है। इसमें मुख्यतः उद्यान-विज्ञान (बागबानी) के बारे में वैज्ञानिक जानकारी दी गई है।

प्राचीन भारत अपने विविध शिल्पों और उद्योग-धंधों के लिए भी प्रसिद्ध था। वस्त्र-निर्माण और रँगाई के लिए प्राचीन भारत की ख्याति थी। ईसा की आरंभिक सदियों में भारतीय कपड़ों की रोम के बाजारों में खूब माँग थी। अभी अठारहवीं सदी तक वस्त्र-निर्माण में भारत संसार का एक अग्रणी देश था। भारत ने यूरोप को चरखा दिया। लेकिन वस्त्र-उद्योग के आधुनिक यंत्रों का आविष्कार इंगलैंड में हुआ है।

स्थापत्य-कला में भी प्राचीन भारत काफी आगे था। स्थापत्य से संबंधित अनेक ग्रंथों की रचना हुई। मोहनजोदड़ो के निर्माण-काल से लेकर अठारहवीं सदी के पूर्वार्ध में जयपुर नगर की स्थापना तक नगर-योजन के क्षेत्र में भारत की ख्याति रही है। विजयनगर और फतेहपुर सीकरी के वैभव को देखकर अनेक विदेशी यात्री चकित रह गए थे। लेकिन आधुनिक काल में चंडीगढ़-जैसे नगरों के निर्माण में हमें विदेशी स्थपतियों की सहायता लेनी पड़ी है।

इसी प्रकार विज्ञान और तकनीकी के ऐसे अनेक क्षेत्र हैं जिनमें भारत एक अग्रणी देश था। भारत ने दूसरे देशों को बहुत कुछ दिया है और लिया भी बहुत कुछ है। प्राचीन काल में ज्ञान-विज्ञान का आदान-प्रदान खूब हुआ है। आज हमें विकसित देशों से पुनः ज्ञान-विज्ञान की बातें सीखनी पड़ रही हैं तो इसमें हीनता या अपमान की कोई बात नहीं है।

किसी समय मिस्र, मेसोपोटामिया, यूनान और चीन-जैसे देश ज्ञान-विज्ञान में बढ़े-चढ़े थे। लेकिन अब इन देशों को विज्ञान के क्षेत्र में नई तरह से खड़ा होना पड़ रहा है। आज के मिस्रवासियों के पूर्वजों ने ही चार-पाँच हजार साल पहले नील नदी के किनारे भव्य पिरामिड खड़े किए थे। ज्ञान-विज्ञान में मिस्र के पंडित-पुरोहित यूनानियों के गुरु थे। यूनानी विज्ञान का चरम विकास मिस्र की भूमि—सिकंदरिया—में ही हुआ था। ईसा के पहले की तीन सदियों में सिकंदरिया संसार का एक महान विद्याकेंद्र था। वही मिस्र आज विकसित देशों का मुहताज है।

यही हाल भारत का है। सभी प्राचीन सभ्यताओं में धर्म-कर्म और दार्शनिक चिंतन के साथ-साथ ही ज्ञान-विज्ञान का विकास हुआ है, भारत में विशेष रूप से। यूनानी विज्ञान भारतीय विज्ञान से इस माने में श्रेष्ठ था कि वहाँ इसका काफी हद तक स्वतंत्र विकास हुआ। **अनाक्सिगोर**, **अनाक्सिमंद**, **देमोक्रितु**-जैसे महान यूनानी विचारक भौतिकवादी थे।

अरस्तू एक दार्शनिक था, किंतु उससे भी बढ़कर वह एक महान जीववेत्ता था। **अफलातूं** (प्लेटो) एक भाववादी दार्शनिक था।

इसी भाववाद के विरोध में मध्ययुगीन यूरोप में आधुनिक विज्ञान ने जन्म लिया। कोपर्निकस, ज्योर्दानो ब्रूनो, केपलर, गैलीलियो आदि महान वैज्ञानिकों ने पुरानी मान्यताओं का विरोध करके नई वैज्ञानिक मान्यताओं को जन्म दिया। **कांट** एक भाववादी दार्शनिक थे, फिर भी उन्होंने भौतिकवाद की महत्ता को अस्वीकार नहीं किया। विश्वोत्पत्ति के एक सिद्धांत को जन्म देने के लिए उन्हें किसी सर्वशक्तिमान ईश्वर की जरूरत नहीं थी। कांट ने कहा था : "यदि मुझे पर्याप्त द्रव्य मिले, तो मैं विश्व का निर्माण करके दिखा सकता हूँ।"

दूसरी ओर, हमारे देश में भाववाद और अध्यात्मवाद का बोलबाला रहा है। हमारे देश में **चार्वाक या लोकायत** मत के भौतिकवादियों की भी एक स्वस्थ परंपरा रही है। लेकिन प्राचीन काल में इन भौतिकवादियों का अन्य सभी मतों ने विरोध किया है। दूसरे देशों के भौतिकवादियों का भी यही हाल हुआ है।

अब हम भौतिकवाद के महत्त्व को समझ रहे हैं। इस भौतिक विश्व को माया मानकर हम विज्ञान को आगे नहीं बढ़ा सकते। अंधविश्वासों को तिलांजली देकर ही हम विज्ञान में तेजी से उन्नति कर सकते हैं।

प्राचीन काल में ज्ञान-विज्ञान के क्षेत्र में भारत ने दूसरे देशों को बहुत कुछ दिया है, यह हमने देखा है। आधुनिक विज्ञानों में भारतीय विज्ञान के बीज निहित हैं। पर इस विज्ञान को वैज्ञानिक विधियों की चौखट प्रदान की यूरोप के वैज्ञानिकों ने। एक उदाहरण लीजिए। प्लास्टिक सर्जरी भारत की देन है। लेकिन इसका विकास हुआ यूरोप में। आज जिनकी गाँठ में पैसा है, वे प्लास्टिक सर्जरी करवाने यूरोप या अमरीका जाते हैं।

हाँ, भारतीय अंक-पद्धति अपने मूल रूप में भारत की खोज है। आज सारे संसार में इस अंक-पद्धति का इस्तेमाल होता है। इसलिए हम कहते हैं कि भारतीय अंक-पद्धति ही संसार को भारत की सबसे बड़ी देन है। लेकिन अब हालत यह है कि इलेक्ट्रॉनिक कंप्यूटर हमें विदेशों से मँगवाने पड़ते हैं।

भारत-जैसे विकासशील देशों के सामने अनेक कठिनाइयाँ हैं। पूँजीवादी देश नहीं चाहते कि विकासशील देश आगे बढ़ें। हमारे देश के अनेक तरुण वैज्ञानिक, साधनों और सुविधाओं के अभाव के कारण, धनी देशों में चले जाते हैं। हमारी शिक्षा-पद्धति में भी अनेक दोष हैं। पुराने ढेर सारे अंधविश्वास हम पर हावी हैं। ऊपर से धनाभाव। इन्हीं सब कारणों से हमारा देश तेजी से आगे नहीं बढ़ रहा है।

फिर भी विकासशील देशों में भारत का स्थान अगली पंक्ति में है। विज्ञान के कुछ क्षेत्रों में भारत अब एक अग्रणी देश बनता जा रहा है, जैसे परमाणु ऊर्जा और अंतरिक्ष अनुसंधान के क्षेत्रों में। वैसे, प्राचीन भारत के विज्ञान की अब कोई उपयोगिता नहीं रह गई है। लेकिन प्राचीन भारत की वैज्ञानिक उपलब्धियों की जानकारी हमारे विद्यार्थियों एवं तरुण वैज्ञानिकों को अवश्य प्रेरणा देती रहेगी। यह जानकारी हमें स्मरण कराती रहेगी कि हम प्राचीन भारत के महान वैज्ञानिकों के कंधों पर खड़े हैं।

नमः ऋषिभ्यः पूर्वजेभ्यः पूर्वेभ्यः पथिकृद्भ्यः

—ऋग्वेद

—प्राचीन काल के ऋषियों, पूर्वजों और पथप्रदर्शकों को नमस्कार है।

परिशिष्ट-1

भारतीय विज्ञान से संबंधित प्रमुख तिथियाँ

नवपाषाण युग का आरंभ	लगभग दस हजार वर्ष पूर्व
ताम्रयुग की सिंधु सभ्यता	2500-1500 ई. पूर्व
भारत में आर्यों का आगमन	लगभग 1500 ई. पूर्व
ऋग्वेद की रचना और लौहयुग का आरंभ	लगभग 1200 ई. पूर्व
शुल्वसूत्र और **वेदांत-ज्योतिष** की रचना	ईसा पूर्व पाँचवीं-छठी सदी
गौतम बुद्ध	563-483 ई. पूर्व
कौमारभृत्य जीवक	बुद्ध के समकालीन चिकित्सक
सिकंदर का हमला	326 ई. पूर्व
सम्राट अशोक का शासनकाल	272-232 ई. पूर्व
विक्रम-संवत् का आरंभ	57 ई. पूर्व
शक-संवत् का आरंभ	78 ई.
बौद्ध दार्शनिक नागार्जुन	ईसा की दूसरी सदी
चरक-संहिता की रचना	ईसा की पहली-दूसरी सदी
सुश्रुत-संहिता की रचना	ईसा की दूसरी-तीसरी सदी
शून्य पर आधारित दाशमिक अंक-पद्धति का आविष्कार	ईसा की आरंभिक सदियों में
विलुप्त **सौर, वाशिष्ठ, पैतामह, रोमक** व **पौलिश** सिद्धांतों की रचना	ईसा की आरंभिक सदियों में
महरौली (दिल्ली) के लौहस्तंभ का निर्माण	लगभग 400 ई.
आर्यभट का जन्म	476 ई.

आर्यभटीय की रचना	499 ई.
वराहमिहिर के **पंचसिद्धांतिका** ग्रंथ की रचना	505 ई.
ब्रह्मगुप्त का जन्म	598 ई.
ब्राह्मस्फुट-सिद्धांत की रचना	628 ई.
महावीराचार्य	ईसा की नौवीं सदी
आयुर्वेदाचार्य वाग्भट	ईसा की आठवीं-नौवीं सदी
सिद्ध नागार्जुन	ईसा की आठवीं सदी
भटोत्पल	ईसा की दसवीं सदी
अल्बेरूनी	973-1048 ई.
भास्कराचार्य का जन्म	1114 ई.
सिद्धांतशिरोमणि की रचना	1150 ई.
महाराजा सवाई जयसिंह (द्वितीय)	1686-1743 ई.

परिशिष्ट-2

पठनीय ग्रंथ

हिंदी :

भारतीय ज्योतिष (मराठी से अनुदित)	शंकर बालकृष्ण दीक्षित
वैज्ञानिक विकास की भारतीय परंपरा	डॉ. सत्यप्रकाश
प्राचीन भारत में रसायन का विकास	डॉ. सत्यप्रकाश
हिंदू गणितशास्त्र का इतिहास, भाग-1	डॉ. विभूतिभूषण दत्त और डॉ. अवधेश नारायण सिंह अनुवादक—डॉ. कृपाशंकर शुक्ल
गणित का इतिहास	डॉ. ब्रज मोहन
आयुर्वेद का बृहद् इतिहास	अत्रिदेव विद्यालंकार
प्राचीन भारत के महान वैज्ञानिक	गुणाकर मुले
अंकों की कहानी	गुणाकर मुले
भास्कराचार्य	गुणाकर मुले

अंग्रेजी :

History of Hindu Mathematics.	Bibhutibhusan Datta & Avadhesh Narayan Singh
The Science of The Sulba.	Bibhutibhusan Datta

The History of Ancient Indian Mathematics.	C.N. Srinivasiengar
History of Mathematics, Vol. I & II.	D.E. Smith
Science in History, 4 Vols.	J.D. Bernal
History of Hindu Chemistry Vol. I & II.	P.C. Roy
Ancient Indian Medicine.	P. Kutumbish
The Classical Doctrine of Indian Medicine (Translated from French)	J. Filliozat
Indian Science and Technology in the Eighteenth Century.	(Ed.) Dharampal
Nagarjuna	K. S. Murty
Alberuni's India	Dr. Edward C. Sachau

A Concise History of Sciences in India :
Edited by the National Commission for the Compilation of History of Sciences in India.

मूल संस्कृत ग्रंथों की सूची लंबी है। इनकी जानकारी मैंने पुस्तक में दी है। इनमें से अनेक ग्रंथों के हिंदी व अंग्रेजी अनुवाद उपलब्ध हैं।

हिंदी-अंग्रेजी पारिभाषिक शब्दावली

अंकगणित, पाटीगणित	Arithmetic
अंक-पद्धति	Numeral System
अंक-संकेत, सख्यांक	Numerals
अक्षरांक	Letter numerals
अनंत	Infinity
अनुपात	Ratio
अपरिमेय संख्या	Irrational Number
अयस्क, कच्ची धातु	Ore
अवकलन-गणित	Differential Calculus
इस्पात	Steel
उद्यान-विज्ञान, बागबानी	Horticulture
ऐस्ट्रोलेब	Astrolabe
कबीलाई	Tribal
कलन-गणित	Calculus
काँसा, काँस्य	Bronze
कीमियागर	Alchemist
कीमियागरी	Alchemy
कृषिकर्म	Agriculture
क्रमचय	Permutation
गणक-यंत्र, संगणक	Computer
गणितज्ञ	Mathematician
गणित-ज्योतिष	Astronomy
गणित-ज्योतिषी	Astronomer
गुणांक	Factor

चिकित्सक, वैद्य, आयुर्वेदाचार्य	Physician
चिकित्साशास्त्र	Medicine, Medical Science
जीवा	Chord
जैव रसायन	Biochemistry
ज्या, साइन	Sine (Sin)
ज्योतिष, खगोल-विज्ञान	Astronomy
ज्योतिषी, खगोलविद्	Astronomer
ज्योतिर्भौतिकी	Astrophysics
टीका	Commentary
ढलवाँ लोहा	Cast Iron
ढलाईघर	Foundry
तकनीक	Technique
तकनीकी	Technology
ताम्रयुग	Copper Age
त्रिकोणमिति	Trigonometry
दाशमिक, दशमलव	Decimal
दीर्घवृत्त	Ellipse
धातुकर्म	Metallurgy
धूमकेतु	Comet
नक्षत्र-मंडल, तारा-मंडल	Canstellation
नवपाषाण युग	Neolithic Age
पंचांग	Calender, Almanac
परमाणु-ऊर्जा	Atomic Energy
पशु-चिकित्सा	Veterinary Science
पारा, पारद	Mercury
पाषाण युग	Stone Age
पिटवाँ लोहा	Wrought Iron
प्लास्टिक सर्जरी	Plastic Surgery
फलित ज्योतिष	Astrology
फलित ज्योतिषी	Astrologer
बाँट	Weight
बीजगणित	Algebra
भारतीय अंतर्राष्ट्रीय अंक	Indian International Numerals

भावचित्र	Indeogram
भौतिकवाद	Materialism
भौतिकी	Physics
महापाषाण संस्कृति	Megalithic Culture
मूल्य, मान	Value
रसायन	Chemistry
रेखागणित, ज्यामिति	Geometry
लौहयुग	Iron Age
लौहस्तंभ	Iron Pillar
वनस्पति-विज्ञान	Botany
वात-भट्ठी	Blast Furnace
विकास	Development, Evolution
विज्ञान	Science
वेधयंत्र	Astronomical Instrument
वेधशाला	Observatory
वैज्ञानिक	Scientist
वृक्षायुर्वेद	Science of Plants, Botany
शल्य-चिकित्सा	Surgery
शब्दांक	Word Numerals
शांकव-गणित	Conic Sections
संख्या-सिद्धांत	Number Theory
संकेत	Symbol
संचय	Combination
संस्कृति	Culture
सन्निकट मान	Approximate Value
सभ्यता	Civilization
समाकलन	Integral Calculus
सीमा, सीमांत	Limit, Limiting Value
सौर-पंचांग	Solar Calendar
स्थानमान पद्धति	Position-Value System
स्थापत्य, वास्तुशिल्प	Architecture
हस्तलिपि	Hand Written book

● ● ●